Über sieben Brücken ...

Die Zukunft ängstigt uns, die Gegenwart ist laut,
Nur die Vergangenheit spricht mit vertrauter Stimme.

Helmut Richter: Für meine Frau

RALPH GRÜNEBERGER

Über sieben Brücken ...

HELMUT RICHTER – SCHRIFTSTELLER, LYRIKER, LIEDAUTOR

mitteldeutscher verlag

Diese Maßnahme wird mitfinanziert durch Steuermittel auf der Grundlage des vom Sächsischen Landtag beschlossenen Haushaltes.

SACHSEN

Umschlagabbildung: Helmut Richter, 1988
(SLUB/Deutsche Fotothek, Foto: Barbara von Morgenstern)

Editorische Notiz: Die zitierten Aufzeichnungen von Gerhard Poppe wurden behutsam berichtigt und die Interpunktion zur besseren Übersicht, wenn nötig, ergänzt.

Bibliografische Information der Deutschen Nationalbibliothek
Die Deutsche Nationalbibliothek verzeichnet diese Publikation in der Deutschen Nationalbibliografie; detaillierte bibliografische Daten sind im Internet über http://dnb.dnb.de abrufbar.

1. Auflage
© 2025 mdv Mitteldeutscher Verlag GmbH, Halle (Saale)
Bernburger Straße 2, 06108 Halle (Saale)
www.mitteldeutscherverlag.de • info@mitteldeutscherverlag.de

Gesamtherstellung: Mitteldeutscher Verlag, Halle (Saale)

ISBN 978-3-96311-978-1

Printed in the EU

INHALT

SIEBEN DUNKLE JAHRE ÜBERSTEHN …

Manchmal geh ich meine Straße ohne Blick,
Manchmal wünsch ich mir mein Schaukelpferd zurück.
Manchmal bin ich ohne Rast und Ruh,
Manchmal schließ ich alle Türen nach mir zu.

Manchmal ist mir kalt und manchmal heiß,
Manchmal weiß ich nicht mehr, was ich weiß.
Manchmal bin ich schon am Morgen müd
Und dann such ich Trost in einem Lied.

Als Textdichter macht Helmut Richter, der als Lyriker, Publizist, Erzähler, Hörspielautor und Filmszenarist ein vielfältiges literarisches Werk hinterlässt, mit einem einzigen Text Furore.

Der vom Keyboarder der Berliner Band Karat, Ulrich »Ed« Swillms, Ende 1977 vertonte Text »Über sieben Brücken musst du gehn«, der den Abspann des gleichnamigen Fernsehfilms musikalisch untermalen sollte, gilt heute als deutsch-deutsche Hymne und erreichte ein Millionenpublikum. Peter Maffays Coverversion ließ den Song ab 1980 auch im Westen populär werden.

Maffay, der aus Ceaușescus Rumänien kam, Helmut Richter, der vertriebene Sudetendeutsche, und Herbert Dreilich, der einstige Sänger von Karat, geboren in Österreich und als Jugendlicher zu Hause auch in Großbritannien – alle drei verbindet der Verlust der angestammten Heimat. Vor diesem Hintergrund erweckt das zurückgewünschte »Schaukelpferd« Emotionen.

Und gerade das gilt für Helmut Richters Leben insbesondere: Ein Maschinenschlosser wird zum Professor berufen. Ein Dichter, dem wegen eines unliebsamen Gedichtes die Exmatrikulation vom Literaturstudium bevorsteht, nimmt die Bewährung in der Produktion auf sich. Ein Schriftsteller, dessen Buch nach Erscheinen eingestampft wurde, wählt »Dennoch« zu seinem Credo.

ICH WAR BIS DAHIN NICHT OFT
AUS FREUDENTHAL HERAUSGEKOMMEN

Es ist Mittwoch, der 11. Juli 1945, zwei Monate nach der Kapitulation der deutschen Wehrmacht. Auf Anweisung der neu eingesetzten tschechischen Behörden haben sich Rosalie Richter und ihr elfjähriger Sohn Helmut auf dem Bahnhof von Freudenthal zu melden. Wie alle Volksdeutschen sind sie mit einem sichtbaren »N« für NĚMEC gekennzeichnet. Aufnäher, die die Witwe Richter aus Stoffresten gefertigt hat. Mutter und Sohn wurde glauben gemacht, dass sie sich zum Ernteeinsatz einzufinden haben. Sie haben nur zwei Decken und Essgeschirr dabei, als sie vor der Verladung in einem der Bahnhofsspeicher mit Hunderten anderen Volksdeutschen interniert

Armbinden mit dem »N« der Vertriebenen

werden. Noch vor den Beschlüssen des Potsdamer Abkommens vom 17. Juli 1945 hat die Vertreibung von Tausenden Sudetendeutschen aus ihrer Heimat begonnen. In den 1945 wie auch 1946 verabschiedeten Dekreten der tschechoslowakischen Staatsführung, die allgemein nach dem Staatspräsidenten Edvard Beneš »Beneš-Dekrete« genannt werden, wird die als »Transfer« oder »Abschub« bezeichnete Vertreibung legalisiert.

Es werden mehr als drei Jahrzehnte vergehen, ehe eine objektive Einschätzung, wie die des tschechischen Historikers Dr. Tomáš Staněk, in Prag veröffentlicht wird. Ihr Titel: »Odsu Němců z Československa 1945–1947 (Der Abschub der Deutschen aus der Tschechoslowakei 1945–1947)«, Praha/Prag 1991.

[Jener] Entwicklungszeitraum der deutsch-tschechischen Beziehungen, der ohne Übertreibung als ein »Weg in die Katastrophe« (1938–1948) zu bezeichnen ist, ruft weiterhin sowohl Diskussionen über eher allgemeine Fragen nach den Wurzeln und dem Charakter der früheren Konflikte zwischen Deutschen und Tschechen als auch über die vielfältigen Erscheinungsformen und die Folgen hervor. Als aktuell empfindet man nun die Notwendigkeit, über Möglichkeiten und Perspektiven einer Überwindung dieses belasteten Erbes zu sprechen, geleitet vom Geist der Toleranz und Versöhnung. Auch heute, wenn wir des fünfzigsten Jahrestages gedenken, an dem der von den Nazis entfesselte Vernichtungskrieg sein Ende fand, wenn wir, belehrt durch die Geschichte, die Folgen betrachten, die dieser Krieg für die Völker Europas einschließlich der Deutschen hatte, existieren bei der Bewertung dieser tragischen Erfahrungen größere und kleinere, u. a. auch durch politische Akzente bedingte Unterschiede.

Dr. Tomáš Staněk erläutert weiter, dass im Exil und in den tschechischen Dissidentenkreisen allerdings eine »Reihe sehr anregender und wertvoller Beiträge« entstanden. In ihnen spiegelt sich der Wille, auf Basis einer genauen Untersuchung der tschechisch-deutschen Beziehungen in der jüngeren Vergangenheit einen Neuanfang zu wagen. Das »bisherige Beharren auf traumatischen Ereignissen, Aversionen und Stereotypen« soll einem Dialog weichen, der beiden Seiten gerecht wird.

Der 1952 geborene Historiker Tomáš Staněk beschreibt die Umstände nach 1945, die auch die Familie Richter und Tausende andere während der »wilden [sprich: eher willkürlichen] Vertreibung« betreffen:

Zum Objekt des »ersten Stoßes« wurden im Mai 1945 die Deutschen in den innerböhmischen Gebieten, vor allem in Prag und Umgebung, in größeren Städten und in den Gemeinden der Sprachinseln, wo Alteingesessene ebenso wie auch zahlreiche Flüchtlingsgruppen von den Endkämpfen erfaßt wurden. Das gesamte Vorgehen gegen die Deutschen war in der Atmosphäre nachklingender Kriegsereignisse und Zusammenstöße während des Prager Aufstandes von Verbitterung, Zorn und Vergeltungstendenzen geprägt. Eine nicht geringe Rolle spielt dabei, daß viele Tschechen Waffen besaßen. Neben militärischen Einheiten, deren Kern das 1. Tschechoslowakische Armeekorps aus der Sowjetunion bildete, aufgefüllt durch Mobilmachungen der Standortkommandanturen, traten die verschiedensten »Revolutionsformationen« besonders rasant auf. Die deutsche Grenzlandbevölkerung war einer äußerst rüden Behandlung durch Angehörige der Roten Armee ausgesetzt (Diebstähle, Plünderungen, Vergewaltigungen u. ä.) bzw. durch Deserteure und andere »Marodeure«, durch Personen aus Gefangenen-, Arbeits- und anderen Lagern der Nazis und mancherorts auch durch Tschechen, welche die nach dem Jahr 1938 abgetrennten Gebiete nicht verlassen hatten und nun nach der Befreiung in die ehemaligen Wohnorte zurückkehrten. [...]

Seit Mitte Mai 1945 nahmen die Ereignisse einen immer schnelleren Verlauf. Die Forderung, so viele Deutsche wie nur möglich aus der Republik zu entfernen, wurde zur Tagesparole. Am 15.5.1945 erörterte die Regierung die Aufgaben von Militäreinheiten (unter der neuen Bezeichnung 1. Tschechoslowakische Armee) im Grenzland. […] In erster Linie sollten die Reichsdeutschen das Land verlassen (in der Regel mit einer Frist von 24 bis 48 Stunden, erlaubt war Gepäck von 30 Kilogramm pro Person). Anderswo gab die Standortkommandantur Befehl, daß die Reichsdeutschen tschechoslowakisches Gebiet mit Gepäck und Lebensmittelvorräten für drei Tage noch am selben Tag zu verlassen hatten.

Der Historiker Dr. Tomáš Staněk zeigt in seinem Aufsatz weiterhin, dass die konkrete Umsetzung der tschechischen Aussiedlungsmaßnahmen und anderer Beschränkungen keiner zentralen Vorgabe unterlag. Vielmehr wurden die entsprechenden Bekanntmachungen und Verordnungen von den Militärkommandanturen in den jeweiligen Regionen häufig selbstständig veranlasst, in anderen Fällen nach Abstimmung mit staatlichen Verwaltungsorganen, die dann auch immer mehr die Initiative ergriffen.

Im Artikel XIII der Potsdamer Konferenz der Siegermächte des Zweiten Weltkrieges heißt es:

Die drei Regierungen haben die Frage unter allen Gesichtspunkten beraten und erkennen an, daß die Überführung der deutschen Bevölkerung oder Bestandteile derselben, die in Polen, der Tschechoslowakei und in Ungarn zurückgeblieben sind, nach Deutschland durchgeführt werden muß. Sie stimmen darin überein, daß jede derartige Überführung, die stattfinden wird, in ordnungsgemäßer und humaner Weise erfolgen soll.

Dieser Direktive wird selten gefolgt. Die Herrenmenschen-Mentalität vieler Sudetendeutscher gegenüber der tschechischen Minderheit hat die antideutsche Stimmung vielerorts verstärkt. Nach der Befreiung der von Deutschland okkupierten Tschechoslowakei, tritt sie vehement zu Tage. Wenige Jahre des Nationalismus genügen, um ein in Jahrhunderten gewachsenes Miteinander in einem Vielvölkerstaat zu zerstören. In Folge des Ersten Weltkrieges hat sich die Zwietracht zwischen Tschechen und Deutschen immer mehr herausgebildet. Nach dem Anschluss Österreichs erfolgt 1938 auch der Anschluss des Sudetenlandes an das Deutsche Reich und beraubt die Tschechoslowakei ihres nach dem Ersten Weltkrieg zugewiesenen Staatsgebietes.

»Sudetenland« steht hier für das Gebiet, das sich von dem Gebirgszug im Norden der heutigen Tschechischen Republik erstreckt und vom Lausitzer Gebirge bis zum Altvatergebirge reicht und Teile Nordböhmens, Nordmährens und des früheren Österreichisch-Schlesiens umfasst.

Bereits nach dem von Deutschland verlorenen Ersten Weltkrieg gibt es in der im Oktober 1918 neu gegründeten Tschechoslowakei das Bestreben, den deutschen und ungarischen Bevölkerungsanteil zu minimieren.

1943, fünf Jahre nach der Besetzung der »Rest-Tschechei« (eine Bezeichnung, die Historiker Adolf Hitler zuschreiben) wird Helmut Richter »Pimpf«, sprich Hitlerjunge: Hart wie Kruppstahl, zäh wie Leder, flink wie Windhunde. Die Indoktrinierung erweist sich als fruchtbar. In seinen im Nachlass befindlichen Erinnerungen »Meine Alma Mater. Über vier Dekrete, die mein Leben berührten«, einem unvollendet gebliebenen Text, dessen Titel an Maxim Gorkis »Das Leben – Meine Universitäten« denken lässt, bekennt der spätere Schriftsteller Helmut Richter seine Haltung als Heranwachsender:

Ich wollte an die Überlegenheit der nordischen Rasse glauben und an die Überlegenheit ihrer Waffen auch. War doch Siegfrieds Schwert Balmung ja das beste aller Schwerter gewesen.

Zwei Jahre vor der Aufnahme in die Hitler-Jugend erlebt Helmut Richter in der katholischen Pfarrkirche von Freudenthal die Erstkommunion. Zu der Zeit ist er bereits Halbwaise.

Zur Welt gekommen ist Helmut Richter am 30. November 1933 in Bruntál, das ab 1938 wieder Freudenthal heißt und vor 1918 zu Österreichisch-Schlesien gehört. Eine Stadt im Altvatergebirge mit einer mehr als 700-jährigen Geschichte im Reich des Berggeistes Altvater, der dem Bergland seinen Namen gibt. Freudenthals Gründung geht auf das Jahr 1213 zurück. Die Stadt gehört zu den Königsstädten in Böhmen und wechselt im Laufe der Jahrhunderte mehrfach ihren Besitzer. Mal wird die Stadt Jägerndorf, mal Troppau zugeschlagen. Bis ins 17. Jahrhundert belebt der Abbau von Edelmetallen die Region, später kommt die Textilindustrie mit Spinnereien, Webereien und Bleichereien sowie die Lederverarbeitung hinzu.

In der bereits genannten autobiografischen Aufzeichnung nennt sich Helmut Richter selbst einen Spätling. Seine Mutter gebar ihn als 41-Jährige. Seine Halbbrüder Karl und Hans sind 16 Jahre beziehungsweise elf Jahre älter als er. Beide sind Wehrmachtssoldaten. Karl wird Kriegsgefangener in Kanada. Hans wird nur 20 Jahre alt. Er fällt 1943 in der Panzerschlacht bei Welikije Luki. Damit verliert die am 2. April 1892 in Braunseifen geborene Rosalie Richter, geborene Parsch, nach dem Kindstod ihrer Tochter, der Erstgeborenen, ein weiteres Kind.

Im katholisch geprägten Freudenthal ist es unwahrscheinlich, dass sich Rosalie Richter vom Vater ihrer 1917 bzw. 1922 geborenen Kinder Hans und Karl per Scheidung getrennt hat. Übermittelt ist keinerlei Angabe zum Vater ihrer drei Kinder.

Jahre nach Kriegsende entwickelt sich ein Kontakt zwischen Helmut Richter und seinem Halbbruder Karl. 1987 kommt es im frän-

Mit Kommunionkerze bei
der Erstkommunion

Rosalie Richter

kischen Gunzenhausen zu einem Familientreffen. Die Behörden der
DDR erteilen Brigitte, Tina und Helmut Richter die Reiseerlaubnis.
Anlass dafür ist der 70. Geburtstag von Karl Richter, dessen Ehe mit
seiner Jugendliebe Erna kinderlos bleibt. Höchstwahrscheinlich hat
die an Tuberkulose leidende Mutter ihren Sohn Karl, der nach der
Gefangenschaft in der von den Amerikanern besetzten Zone unter-
gekommen ist, nicht wiedergesehen.

Dokumente, Fotografien, Erinnerungsstücke, Sparbücher und
Wertgegenstände – beinahe alles muss Rosalie Richter zurücklassen.
Nur weniges davon trägt sie am 11. Juli 1945 bei sich oder wird ihr spä-
ter über die Familie des Kindsvaters zugänglich. Nie wieder schmückt
sie das Grab ihres im September 1940 verstorbenen Lebenspartners
Alois Engelbrecher. Ihr dritter Sohn Helmut ist das uneheliche Kind
Engelbrechers, einem 1890 im Sudetenland geborenen Schneider. Im
Taufregister der katholischen Kirche wird die Illegitimität vermerkt.
Für den Sohn wird das Thema erst nach 1990 relevant und er fragt

Großfamilie Engelbrecher, Alois in der hinteren Reihe links

in Regensburg beim kirchlichen Suchdienst, der Heimatortskartei für Sudetendeutsche, nach und erhält im September 1996 einen Familienbogen zum Ausfüllen. Allerdings bleibt »die Anfrage über EDV leider nicht ergiebig«.

In seiner vorsorglich selbst verfassten Grabrede, auf die am Ende noch verwiesen wird, beschreibt Helmut Richter die Erinnerung an seinen Vater so:

Von meinem sehr früh verstorbenen Vater trage ich in meiner Seele nur eine große dunkle Silhouette und das Bauchgefühl jenes jähen Schwungs, mit dem er mich an Sonntagsspaziergängen auf seine Schulter wuchtete.

Ein Erlebnis auf dem Verladebahnhof bleibt dem jungen Helmut Richter, der in Freudenthal seine Kindheit zurücklässt, unvergessen: Das Interesse eines der tschechischen Wachleute gilt der goldglänzenden Brosche, die seine Mutter trägt. Er konfisziert sie. Dabei ist

Pfarrkirche Freudenthal

Auszug aus dem Taufregister für 1933, bei Helmut Richter ergänzt: »illeg[itim].«

die Brosche nichts weiter als Arme-Leute-Schmuck, Schaumgold, kaum verwertbar. Für die Mutter jedoch besitzt die Brosche einen unersetzbaren Wert.

In seinem Manuskript gebliebenen Text schildert Helmut Richter den Übergriff detailliert:

Vor dem Abtransport wurden wir zunächst in den riesigen Bahnhofsspeichern – Freudenthal war ein Verkehrsknotenpunkt – interniert. Am Eingang nahm man uns von den Essbestecken Messer und Gabel weg, sie hätten ja als Waffen benutzt werden können und dann geschah etwas, das es mir lange unmöglich machte, ein positives Verhältnis zu Tschechen zu entwickeln, trotz aller historischer Einsichten und internationalistischer Bereitwilligkeiten. [...] Denn da, am Lagertor war nun dies geschehen: Meine Mutter hatte eine Brosche, die sie Tag für Tag trug. Sie war oval und im Grunde ein Bilderrahmen von zierlichen Rosen, die ein Foto von mir und meinen zwei Brüdern umkränzten. Wir saßen auf einem Rodelschlitten. Die Brosche glänzte golden, aber sie war gewiß nicht aus Gold, wie hätte meine Mutter sie denn bezahlen sollen? Und daß sie sie Tag für Tag trug, spricht auch gegen ein Kleinod. Aber für sie waren natürlich ihre drei Söhne die Kleinodien. Und nun griff einer dieser forschen Kontrolleure danach und wollte sie haben. Und obwohl sie ihn schließlich kniend um Verschonung anflehte, riß er ihr die Brosche ab. Ich habe meine Mutter nie wieder so weinen gesehen. Und ich ruckte nach vorn und wollte mich trotz meiner 11 Jahre auf den Mann stürzen, aber sofort sprang meine Mutter auf und drückte mich mit beiden Armen fest an sich und schob mich weiter.

Auch über die Zeit der Internierung, die dem Abtransport vorausging, schreibt Helmut Richter in »Meine Alma Mater«:

Diese riesigen Speicher waren zu der Zeit vollkommen leer – besenrein konnte man sagen – und ich hatte sie, als die Russen die dort eingelagerten Wehrmachtsbestände abtransportierten, kurz zuvor auch selbst mit ausgeräumt. Damals galt der Erlaß, daß Männer ab 10 und Frauen ab 14 Jahre sich zur Arbeit zu melden hätten. Entweder bei den Russen oder bei den Tschechen, und die meisten zogen natürlich die Russen vor. Es war die einfache Wahl zwischen Nahrungsmitteln und Schlägen. Der Knotenpunkt Freudenthal war ein riesiges Versorgungslager der Ostfront gewesen, und die Russen fuhren die schier unendlichen Vorräte wochenlang ab. Vorwiegend auf diesen sogenannten Panjewagen, die so gar nicht ins Erscheinungsbild einer modernen Armee passten und oft genug bespöttelt wurden, aber sie verbrauchten halt eben den kostbaren Treibstoff nicht, den die Panzer brauchten.

Hier also gab es für Verladearbeiten kein Geld, für das man sich ohnehin nichts hätte kaufen können, sondern »Deputat«: Brot oder Biomalz, Hartwurst oder Hartkäse, Mehl oder Konserven, braunen Rohrzucker oder kostbares Salz, wenn auch nur das rötlich bunte Viehsalz. Die Hallen rochen immer noch nach alldem. Aber wir blieben da unter tschechischer Kontrolle nur zwei Nächte. Die Nachtruhe wurde systematisch durch Kontrollen gestört und hin und wieder wurde eine der jungen Frauen mit hinausgenommen und kam nach geraumer Zeit wieder genauso still zurück, wie sie mitgegangen ist. Vielleicht war ihr ja wirklich nichts passiert und der Vorgang sollte nur Macht demonstrieren.

Ich weiß nicht, ob es in diesem Transport Leute gab, die schon vor der Verladung wussten, was mit uns geschehen würde. Aber ich weiß, daß meine Mutter völlig ahnungslos war. Sie glaubte den Narodni-Vybor-Burschen (Nationalausschuss), daß wir für den Ernteeinsatz auf dem Maierhof oder auf einem der Güter des Umlands, deren Besitzer zumeist vor den Russen geflüchtet waren, wirklich nur zwei Decken und ein Essgeschirr brauchten. Auch ihr Rentenausweis blieb zurück, und sie mußte uns dann, als wir acht Wochen später endlich wieder einen festen Wohnsitz hatten, sehr lange von 20 Mark ›Fürsorge‹ ernähren, bevor ihre Invalidenrente erneut bewilligt war. Und so hatte sie auch das Sparbuch meines Bruders zurückgelassen. Als der für den Polenfeldzug eingezogen wurde, drängte seine Jugendliebe auf Heirat, aber er weigerte sich. Wenn ich den Krieg überlebe, wird hoffentlich unsere Liebe nicht gestorben sein. Und wenn nicht, dann soll die Mutter das bisschen Geld kriegen. Er habe keine Lust, eine blutjunge kinderlose Kriegerwitwe zu versorgen. Tatsächlich bekam meine Mutter all die Jahre, die er dann in Gefangenschaft war, vierzig Reichsmark überwiesen. Und natürlich rührte meine Mutter das Geld nicht an, obwohl sie es manchmal hätte gebrauchen können. Zuletzt waren über 2.000 Mark auf dem Konto und die waren nun auch verloren. Und gerade in der Dürftigkeit des Guthabens erweist sich mir die Totalität des Verlusts. Aber noch schlimmer war natürlich der Verlust von unersetzlichen Erinnerungsstücken, von Briefen und Fotos, von Dokumenten ganz abgesehen.

Jeweils 50 Menschen werden in die bereitstehenden Waggons eingepfercht. Sie stehen eng gedrängt: Frauen, Kinder, alte Menschen. Für die Notdurft gibt es für alle einen Eimer, der während der Fahrt immer wieder geleert werden muss.

1939 beträgt der Anteil der deutschsprachigen Bevölkerung im Kreis Freudenthal 96 Prozent. Allein diese Zahl verdeutlicht die verheerende Dimension von mehr als drei Millionen Heimatvertriebenen am Ende des vom Großdeutschen Reich ausgegangenen Terrors des Zweiten Weltkrieges. Von 1945 bis 1947 werden mehr als drei Millionen Menschen aufgrund ihrer Zugehörigkeit zur deutschen Bevölkerung aus der Tschechoslowakei vertrieben.

Der durch die Kriegsverbrechen von Waffen-SS und Wehrmacht hervorgerufene Hass auf alles Deutsche lässt die Vertreibung der NĚMEC zur ethnischen Säuberung werden, die auch vor Gewalt und Tötung nicht zurückschreckt. Ohne Scheu werden zurückgelassene Wohnungen und Häuser der Deutschen geplündert und vereinzelt auch in Brand gesteckt. Binnen Stunden werden Spuren von Jahrhunderten ausgemerzt.

Güterwagen mit Vertriebenen auf dem Weg nach
Deutschland

Im Rückblick hat Helmut Richter die Fahrt im offenen Kohlewa-
gen teilweise als Abenteuer empfunden. Allerdings erlebt der Elfjäh-
rige, wie er in seinen erwähnten Erinnerungen festhält, den Zusam-
menfluss von Moldau und Elbe bei Melnik als aufregend, was bei ihm
eine Überlagerung mit Bildern vom »Vater Rhein« hervorruft, den er
aus dem Schulunterricht kennt.

Für mich hatte diese alptraumartige Dreitagefahrt aber doch auch
etwas Spannend-Abenteuerliches an sich. Zumeist saß ich oben
auf einem der Winkel, den die Längs- und Querwände miteinan-

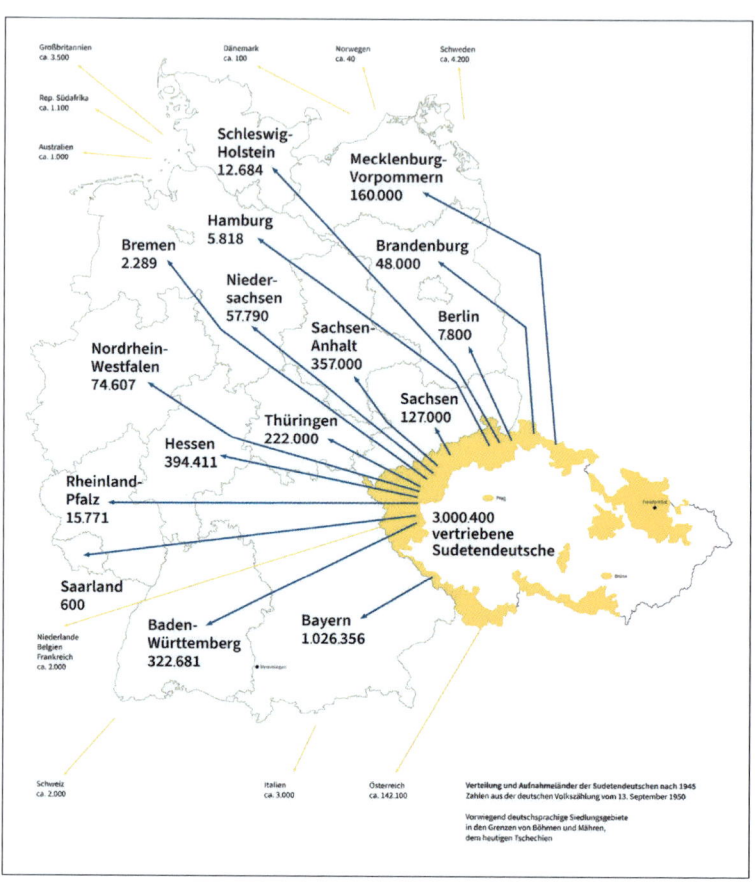

Verteilung und Aufnahmeländer der Sudetendeutschen nach 1945

der bilden, und meine Mutter saß angsterfüllt unten, hatte den einen Ärmel ihrer Strickjacke um meine Fußgelenke geknotet und hielt den anderen straff in beiden Händen. Wir wussten ja nicht, wohin sie uns bringen würden – vielleicht in die fruchtbare Ebene der Hana hinunter, aus der wir Bewohner der kargen Gebirgsböden immer das Gemüse und das Obst bezogen hatten – und ich wollte wenigstens beobachten, um in irgendeinem Fall der Fälle mich zurückfinden zu können. Und außerdem war wohl auch

Abschied von Freudenthal, Blick zur Pfarrkirche Mariä Himmelfahrt

pure Neugierde im Spiel. Ich war bis dahin nicht oft aus Freudenthal herausgekommen. Einigemal bis nach Deutsch-Krawarn zu Onkel und Tante, denen es besser ging als uns, und von denen wir immer eine halbe Weihnachtsgans bekamen. Aber ich fuhr nicht allzu gern dahin. Der Onkel war ganz in Ordnung, er war Ingenieur in einem Troppauer Elektrizitätswerk und hatte mir das Schachspielen beigebracht, aber die Tante mochte ich nicht. Sie klöppelte in den Wintermonaten und drapierte mit den entstehenden Kunstwerken die Polstermöbel, so daß man das Wohnzimmer gar nicht benutzen konnte. Und außerdem nudelte oder stopfte sie ihre Gänse, damit sie übermäßig fett wurden. Sie nahm mich dann immer mit in den Stall, und ich mußte die Schüssel mit den dicken Teigschlossen halten. Sie quetschte eine Gans nach der anderen zwischen ihre Schenkel, drückte den Schnabel auf, stopfte ein Teigstück nach dem anderen in den Schlund und strich den sich bildenden Wulst – die Tiere vergaßen ja aus Angst zu schlucken – unbarmherzig den langen Hals hinunter bis in den Magen. Mir wurde immer schon beim Zusehen ganz übel. Und das hochgepriesene Gänsefett, mit dem man so gerne Olmützer Quargeln bestrich, habe ich auch in Hungerzeiten immer nur ungern gegessen. […]

Aber zurück zu unserer Abschiebung. Ich wußte von den erwähnten Ausflügen also schon ungefähr, wie das so ist, wenn der Zug durch Schluchten und Tunnel aus dem Gebirge hinunterfährt, durch das Hohe Gesenke und dann durch das Niedere Gesenke und wie das Land immer flacher wird auf die Mährischen Pforte zu und wie überraschend es ist, daß plötzlich die braunbunten Kühe verschwinden und nur noch schwarzscheckige in den Koppeln stehen. Aber jetzt war die Reise schon deshalb anders, daß man ja nicht wußte, wohin es ging.

Dann fuhren wir durch Olmütz hindurch, und ich dachte an die berühmte Uhr, die angeblich genauso schön sein sollte wie die am Neustädter Rathaus zu Prag. Ich hatte natürlich auch die noch nicht gesehen, aber [wußte von dem] Schicksal der beiden Uhrmacher, die ja nach der Vollendung ihrer Wunderwerke geblendet worden waren, um keiner anderen Stadt eine gleiche Attraktion liefern zu können. [Das] ließ mich den Glanz ihrer Wunderwerke zumindest erahnen. […]

Wenn es dunkel wurde, oder mir die Beine vollkommen eingeschlafen waren, stieg ich von meinem Lug-ins-Land natürlich hinunter und lauschte benommen den nur halblaut geführten Gesprächen der Erwachsenen – Frauen und alte Männer zumeist. Eigentlich – je weiter wir uns von unserer Heimat entfernten – desto weiter entfernten sich die Reden, während dieser schier endlosen drei Tage, die von der entsetzlichsten Ungewissheit, von Angst und Sorge, von Hunger und Durst und peinigender Notdurft [bestimmt waren], von der erträumten Autonomie des Sudetenlandes oder gar von dem Anschluß an Österreich. Was mir natürlich am meisten zugesagt hätte. […]

Ich habe mich als Kind immer mehr als Österreicher gefühlt. Ich habe das Loblied auf den Prinzen Eugenius, den edlen Ritter, der Europa vor den Türken gerettet hat, lieber gesungen, als das preußische Kadettenlied, obwohl mich dort die Schlussverse »Es helfe uns der Herregott / Zum Sieg aus aller Not« doch immer wieder sehr berührt haben. Aber trotzdem! Meine Mutter war als junges Mädchen in Wien ›im Dienst‹ gewesen – vor dem Ersten Weltkrieg noch – und vom Prater und dem Riesenrad dort und vom Stephansdom und von der Weinlese wußte ich durch die vielen Wiederholungen so viel, als wäre ich selbst dort gewesen. Und da seinerzeit zu ihrer Zeit auch der alte Kaiser Franz Joseph II., der Franzl, noch lebte, bekam die Stadt an der angeblich blauen Donau in meiner Vorstellung nach und nach einen goldenen Glanz. […]

Hinter Prag ging es an der Moldau weiter, und ich sah, wie sie bei Melnik in die Elbe mündete und war ein wenig enttäuscht, daß dies auf eine ganz stille Art und Weise sich vollzog, obwohl ich andererseits einen solch gewaltigen Strom wie die Elbe noch nie gesehen hatte. […]

Als wir bei Aussig an der hochragenden Burgruine Schreckenstein vorbeifuhren und erst recht in den romantischen Passagen des Elbsandsteingebirges, spielte mir mein überreiztes Hirn den Streich, den Augenschein mit Rheinbildern zu überlagern. Ich verwechselte den Schreckenstein mit der Loreley und in den phantastischen Formationen und Einschnitten der Basteigegend versuchte ich Landschaften zu erkennen, in denen sich das Schicksal der Nibelungen vollzogen haben könnte. Die Ermordung Siegfrieds durch Hagen von Tronje zum Beispiel. Ich kannte das 1837 gemal-

te Bild von Ludwig Richter »Überfahrt über die Elbe am Schrek-
kenstein bei Aussig« aus dem Zeichenunterricht, und ich hatte die
Empfindung gehabt, daß diese idyllische Szene einen gefährlichen
Untergrund hatte. Denn der Kahn schien überladen zu sein und
sein Gleichgewicht sehr labil. Und vielleicht hat dies mich zu die-
ser Verwechslung mit der Loreley geführt, dieses »Ich glaube am
Ende verschlingen / die Wellen noch Fischer und Kahn ...«. Denn
auch dieses Lied kannte ich ja. Nur seinen Dichter natürlich nicht.
In unseren Liederbüchern wurde der Jude Heine nicht genannt.
›Unbekannter Dichter‹ stand unter dem Text.

Trotz aller Abwechslung dauert die Fahrt vom Sudetenland in das
von den Siegermächten besetzte, zerschlagene Deutsche Reich drei
lange Sommertage und -nächte. Und sie ist für die meisten Vertriebenen nach dem Betreten des »Altreiches« nicht zu Ende, das gilt
auch für die Richters. Während der Bahnfahrt und dem sich an-
schließenden täglichen Irrgang, um Verpflegung und ein Nachtlager,
gilt Rosa Richters Augenmerk neben dem für ihren Sohn auch einem
jungen Mann namens Gerhard Poppe, der ebenfalls aus Freudenthal
stammt und sich ihnen angeschlossen hat. Er ist ein Jugendfreund
ihres Sohnes Karl. Beide haben sie nach der Bürgerschule eine Fri-
seur-Lehre absolviert. Ein Beruf, der dort, wo das unliebsame Fran-
zösisch vermieden wird, auch Haarschneider oder Haarkräusler genannt wird, wenngleich ihn die Massen an stahlbehelmten Köpfen
längst ad absurdum geführt haben. Aufgrund einer fortgeschritte-
nen Tuberkulose ist der Ende 20-jährige Gerhard Poppe ausgemus-
tert worden.

Der sudetendeutsche Friseurgeselle wird nicht alt und stirbt 1946,
ein Jahr nach der »Austreibung«, im sachsen-anhaltinischen Herzberg in dem von der Roten Armee besetzten Teil Deutschlands.
Gerhard Poppe hinterlässt ein Tagebuch, in dem er in enger, akku-
rater Sütterlinschrift Stationen und Ereignisse der Vertreibung fest-

hält, die er, Rosalie Richter, ihr
Sohn Helmut sowie weitere aus
der zufällig gebildeten Gruppe
der Vertriebenen erleben. Nach
seinem Tod geht sein Nachlass
an Rosa Richter über. Erstmals
werden Auszüge aus seinen Aufzeichnungen veröffentlicht. Ausgestattet mit einem detailreichen
Erinnerungsvermögen   notiert
Gerhard Poppe:

Gerhard Poppe

11. Juli 1945, 12., 13., 14. Juli 1945 / Auf Kohlewaggons verladen
und um 6:15 ging die Fahrt los über Olmütz, Hohenstadt, Böh-
misch Trübau, Pardubitz, Melnik. Hier gab es Brot, für 50 Personen 5 Brote […]. Hinter Melnik bekam ein Jeder 10 RM, denn
in der Heimat wurde uns ja alles Geld abgenommen und ganz
ohne Geld wollten uns die Tschechen doch nicht ins Ungewisse
schicken, dann ging es weiter über Leitmeritz, Bodenbach, Bad
Schandau ins Altreich nach Dresden, Pirna, Nossen. Da konnten
wir das erste Mal aussteigen und uns einen Kaffee kochen, denn
die zwei Tage [zuvor] hatten wir nur von Wasser und Brot gelebt. – Um 12:00 ging es wieder weiter bis nach Ziegenhain, Pro-
vinz Sachsen. Hier lagerten wir bei den Schienen. Abends wurde
dann für 2.500 Menschen eine Kartoffelsuppe gekocht. Am nächsten Tag, am 15. Juli, kochten sich die Menschen, die noch etwas
hatten [ihr Essen] selbst. Wir andern mussten hungern. Zu Mittag
wurde dann für jeden Waggon 1 Sack Kartoffeln gekauft und unter den 50 Personen aufgeteilt […] eine Station vor Falkenberg
mußten wir aussteigen, weil die Brücke gesprengt war […]. Man
hat uns aber dem Schicksal selbst überlassen. Nun waren wir heimatlos. Am Falkenberger Bahnhof auf einer Wiese übernachtete

ein Teil und der andere in der Schule. Es gab zu Mittag eine Suppe zu kaufen und Kaffee und das war auch alles. Man bekam kein Brot zu kaufen. – 16. Juli / Um 3:00 wurden wir nach Herzberg beordert, aber wir gingen heute nur bis Großrössel (8 km). Hier haben 50 Personen in einer Scheune geschlafen. Wo wir geschlafen haben, hat uns der Bauer abends Kartoffeln und Kaffee gekocht und früh eine Mehlsuppe. – 17. Juli / Herzberg (4 km). Dort bekamen wir ein Quarkbrot oder eine Suppe. Wir sollten nun in Richtung Mecklenburg gehen, denn da sollten wir ein Unterkommen finden. Aber es kamen schon wieder sehr viele Menschen von Mecklenburg zurück und da haben wir beschlossen, nur im Schweinitzer Kreis zu wandern bis wir ein endgültiges Unterkommen gefunden haben. Wir gingen dann weiter bis nach Holzdorf (4 km). Wir kamen so um 6:30 in dem Dorfe an und um 8:00 gibt es erst in jedem Dorfe Nachtquartier. Es kam aber ein Russe, der von sich selber aus Quartier für uns machte. Dort, wo die Gehöfte noch zu waren, stieg er ganz einfach über das Tor und ließ dementsprechend die Leute herein. Ich bat den Russen, er möge uns 9 Personen ein Quartier einweisen, denn mir war an dem Abend nicht wohl zumute. Er tat es und wir bekamen bei einer Bäuerin in der Futterkammer eine Schlafgelegenheit. […] Früh bekamen wir alle eine gute Mehlsuppe. Ich tauschte meinen letzten Zucker ein und bekam so ein halb Pfund Butter und ein dreiviertel von den großen Bauerbroten. Wir haben schon mehrere Tage selbst kein Brot besessen, um tagsüber ein Stück zu essen. – 18. Juli Holzdorf (8 km), Reicho (4 km): In Holzdorf kamen wir so um 1:00 an und wollten hier über Nacht bleiben, aber dieses Dorf war so von Flüchtlingen überfüllt, daß keine Quartiere mehr frei waren und wir beschlossen, uns von dem großen Treck zu lösen. Denn ich war der Meinung, wenn wir weniger Leute sind, so haben wir eher die Möglichkeit, etwas mehr Essen bei den Bauern zu bekommen. […]

Nach einigem Zögern wurden wir uns einig, und zwar Frau Richter und Sohn, Frau Gerlich und Tochter, Frau Gebauer und zwei Söhne, Frau Philipp und meine Wenigkeit. Es hieß nun, daß Verpflegungsmarken ausgegeben werden und so holte ich für 9 Personen die Marken. Es gab Brot und Hackfleisch. Wir fuhren dann, denn Frau Gebauer hatte einen [Hand]Wagen mit, wo ich auch meine Sachen drauf hatte, die Richtung nach Reicho zu und setzten uns dann am Waldrand und verzehrten die Verpflegung. Nach sehr langer Zeit hatten wir das erste Mal Fleisch, wenn es auch roh war, aber es hat vortrefflich geschmeckt. Leider war es auch zu wenig. Um ½ 7 fuhren wir in Reicho ein. Es ist eine kleine Gemeinde. Um 8:00 kam der Bürgermeister erst vom Feld und dann wurden die Quartiere vergeben. Fritz, Helmut und ich kamen zum Bürgermeister. Frau Richter, Frau Gerlich mit ihrer Tochter kamen nebenan und Frau Gebauer mit ihrem kleinen Sohn und Frau Philipp kamen auf der anderen Seite zu einem Bauern. Die Verpflegung war sehr gut und reichlich. Geschlafen haben wir in Scheunen. – 19. Juli / Ich ersuchte den Bürgermeister, ob wir nicht einen Tag länger bleiben können, um uns einmal von dem vielen Gehen auszuruhen. Er meinte, wenn die anderen Bauern einverstanden sind, an ihm soll es nicht liegen. Wir fragten auch die anderen Bauern und sie waren alle einverstanden. – 20. Juli, Holzdorf (4 km) / Wir fuhren nach Holzdorf zurück und sind wieder auf den Treck gestoßen. Wir wollten uns lediglich wieder eine Verpflegungsmarke holen, aber es gab keine mehr. Denn der russische Kommandant hatte die Ausgabe von Verpflegung verboten. Da machten wir weiter mit unbekanntem Ziel, aber immer vom Haupttreck weg, und kamen zu Mittag nach Kremitz (2 km). Dort machten wir Rast unter einer Linde, und Frau Richter und Frau Gebauer gingen bei den Bauern, wegen Mittagessen, fragten und brachten auch etwas zu essen mit. Gerlichs gingen nicht, denn sie waren zu faul, sich etwas zu beschaffen. Die erste Zeit gab Frau

Richter den Gerlichs immer von dem Ihrigen, dann sorgte Frau Richter auch für mich mit und konnte den Gerlichs dann nichts mehr geben und das war denen nicht recht. Aber trotzdem sind sie nirgends um ein Mittagessen fragen gegangen.

Wir gingen dann weiter und kamen nach Premsendorf (2 km). Hier blieben wir über Nacht und alle hatten es gut getroffen in der Verpflegung. Früh bekamen alle noch eine Bemme auf den Weg mit. – 21. Juli / Zu Mittag kamen wir in Arnsnesta (3 km) an. Frau Richter hielt gleich Umschau nach einem Mittagessen und brachte auch eine gute Suppe an. […] Dann ging es weiter nach Borken zu und da lagen wieder so viel Flüchtlinge. Wir hatten beabsichtigt, wieder in Borken zu übernachten, aber wir gingen dann noch weiter bis nach Raxdorf [gemeint ist Raßdorf]. Dieses Dorf lag über der Elster und die Bücke war gesprengt, also konnten wir mit dem Handwagen nicht hinüberfahren, so mußten wir den Wagen abladen und alles hinübertragen. Wir waren der Meinung, die Einzigen in diesem Dorfe zu sein, aber da haben wir uns sehr getäuscht. Es waren mindestens [an] die 20 Flüchtlinge im Dorf. […] Wir wurden von der Ortspolizei verteilt. […] Frau Richter und Helmut hatten es überhaupt nicht gut getroffen. Nicht einmal Kartoffeln hatten sie übrig, und es war ein Bauer. Früh wollte Frau Richter noch einen Tee kochen, da meinten die Leute, sie hätten kein Holz. Ja, die armen Bauern! […] 22. Juli / Herzberg (2 km), Buckau (4 km). Wieder ging es durch Herzberg. Zu Mittag saßen wir im Straßengraben, und Frau Richter ging um Mittagessen und brachte 3 große Knödel mit Soße und Schweinefleisch. Das war wieder ein prima Essen, solche Knödel hatten wir alle noch nicht gegessen. Dann brachte Frau Richter noch eine Suppe an und wir waren vollauf gesättigt. […] Wir blieben noch einige Zeit liegen und dann gingen wir weiter. Wir liefen nicht ganz eine Stunde, da sahen wir schon das Dorf Buckau. Aber es wird erst so um 5 gewe-

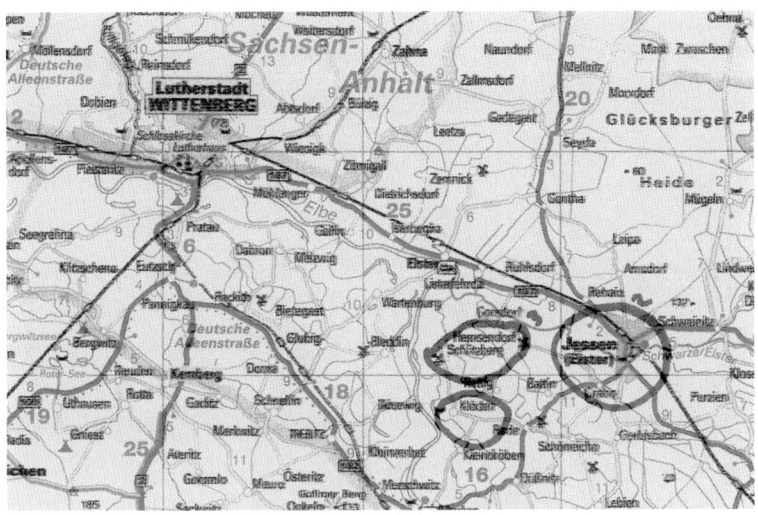

Die Umgebung von Schützberg auf einer DDR-Landkarte,
Markierungen von Helmut Richter

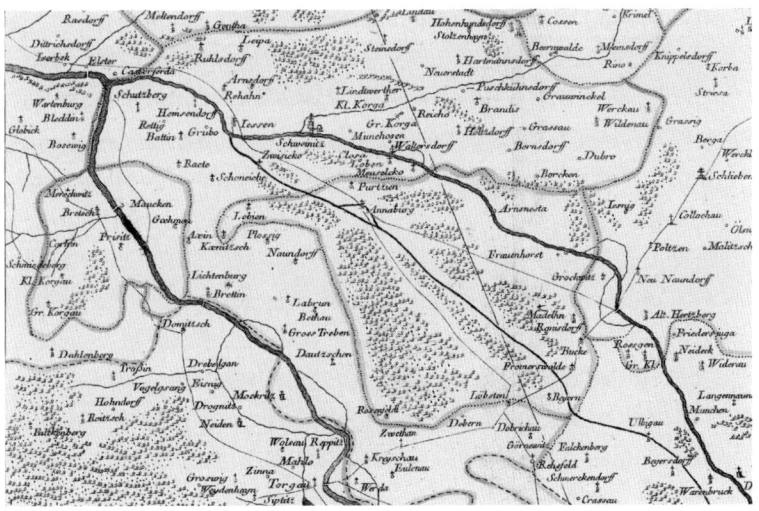

... und auf einer historischen Landkarte, 18. Jahrhundert (Ausschnitt)

sen sein, da konnten wir in das Dorf noch nicht hineingehen. So machten wir im Walde Rast, und ich habe ein wenig geschlafen. Da türmte sich eine schwarze Wolke auf und die wurde immer größer, und die Sonne brannte immer heftiger. Da sind wir aufgebrochen, denn wir wollten vor dem Regen noch im Dorfe sein. Aber leider. Es kam ein heftiger Wind auf und gleich hinterher ein Regen und Taubeneier große Eisstücke. Alles flüchtete auf eine Strohpuppe zu. […] Dann kam noch mehr Eis vom Himmel herunter. […] Das dauerte vielleicht nur 15 Minuten und dann schien die Sonne wieder. Nun gingen wir auf das Dorf los, denn im nassen Zustande kann uns der Bürgermeister nicht weiterschicken. Es lagen viele Äpfel auf der Erde, die klaubten wir uns auf, denn der Sturm hat fürchterlich gehaust. In Buckau gab uns der Bürgermeister in einem Ausgedingehaus ein Zimmer und da konnten wir uns ein Feuer machen und die Sachen trocknen, denn wir hatten ja nichts zum Wechseln. In dem Dorfe wohnten sehr geizige Bauern und mit Mühe brachte Frau Richter Kartoffeln an und so wurde für alle eine Kartoffelsuppe gekocht und von den Äpfeln kochte sich ein jeder ein Apfelkompott. […] 23. Juli / Fermerswalde (1,8 km), Beyern (5 km), [wir] gingen durch Fermerswalde durch, denn es warteten schon mehrere Flüchtlinge auf ein Quartier und so liefen wir noch bis Beyern. Dort holte ich die Quartierscheine. […] 25. und 26. Juli / Herzberg (6 km). Um die Mittagszeit kamen wir in Herzberg an und gingen gleich ins Lager und bekamen auch eine Suppe. […] Wir schliefen alle im Massenlager, aber einmal und nie wieder: diese Unsauberkeit und der Gestank. Wir waren zufrieden, als die Nacht herum war und wir konnten uns wieder auf die Wiese setzen. […] Ich ging dann auch zur Mühle, wegen Mehl, und bekam 3 Pfund und das tauschte ich gegen Brot um. Frau Richter und Helmut bekamen je ein halbes Brot. Dann gingen wir ins Gasthaus und kauften uns eine Gemüsesuppe. Ich ließ meine Schuhe noch herrichten […] 26. Juli /

Grochwitz (2 km). Hier war in der Schule wieder ein Massenlager, kleiner, aber sauber und eine gute Oberlehrersfrau. Wir mußten uns hier auch wieder selber verpflegen [und] beschlossen, uns noch einen Tag länger hier aufzuhalten, denn unsere Füße wollten nicht mehr. [...] 28. Juli und 29. Juli / Frauenhorst (1/2 km) Um 6:00 [abends] kamen wir an und mußten noch zwei Stunden warten. Dann ging ich zum Bürgermeister. Er sagte, daß er nur ein Massenquartier habe. Ich fragte ihn dann, wie es mit der Verpflegung sei. Er meinte, daß je zwei Mann zu einem Bauern gehen sollten, er sagte mir die Hausnummer. Und so verteilten wir uns. [...] Am Sonntag habe ich dem Bauern und seinen zwei Kindern die Haare geschnitten und da bekam ich 3 Eier und 2 gute Schnitten. Am Montag sind wir um 4 aufgebrochen nach: 31. Juli / Bernsdorf (2 km). Hier jammerte der Bürgermeister als erstes. Dann gab er mir die Quartierzettel. Wie wir zu der Bäuerin kamen, jammerte auch diese und da wußten wir, wieviel es geschlagen hat. Sie gab uns in einem leerstehenden Pferdestall das Lager für die Nacht. Wir sollten uns auf den Pferdemist legen. Da hat Frau Richter den Pferdestall einmal gründlich ausgemistet und da hat die Bäuerin gewettert, aber Frau Richter tat so, als ob sie nichts hörte, dann stieß sie noch auf Menschenkot, da konnte sich Frau Richter nicht mehr halten und hat der Frau die Meinung gesagt. Ob wir Schweine wären? Aber die Leute sind ja so stur und haben ein hartes Fell. Dann rief sie uns zum Essen und das war so leidlich. Früh gab es Suppe und Brot. Wir wollten erst zu Mittag weiter, da hat die Bäuerin gewettert, da sind wir auf und davon. [...] 1.8. / Dubro (3 km). [Es] wollte wieder so aussehen, als ob wir wieder mit dem Übernachten Pech haben sollten. Aber es waren gute Leute. Abends machten wir uns ein Fußbad, denn es hatte in einem fort genieselt und wir waren sehr durchgefroren und das tat gut. Denn es gab auch ein gutes Abendessen und ein Zimmer zum Schlafen. Wir lagen zwar auf dem Fußboden auf einer weichen

Unterlage. Ich hatte 39 Grad Fieber und da hat es mich tüchtig geschüttelt. Frau Richter fand am Boden einen guten Sack und der ging mit. Wir blieben noch bis um 4 und bekamen noch die ganzen Mahlzeiten. Ich schnitt den zwei Jungen die Haare und bekam etwas Butter und Sirup. Dann ging es weiter. […] 2.8. / Jeßnigk (2 km) [Dort] war ein rabiater Bürgermeister. Es tat gerade tüchtig regnen, da ließ es uns alle solange stehen, bis es aufgeklart hatte, und dann verteilte er die Quartiere. Wir hatten es sehr gut getroffen, reichliches Abendessen und sehr fett. Da bekam ich einen Durchfall und mußte mehrere Male gehen. Wenn die Bauern nur nicht die Closetts so weit vom Haus weghätten. Da muß man ja schon Dauerlauf machen, damit man noch zurechtkommt. Wir schliefen wieder in einem Zimmer und [diesmal in] Betten. […] Ich stand früh nicht auf. Frau Richter wusch das ganze Geschirr. Zu Mittag aß ich die gute Mehlsuppe im Bett. […] Nachmittags gab mir die Bäuerin ein großes Ei und das trank ich gleich aus. […] 3.8. / Werchau (5 km) [Hier] schickte ich Fritz und Helmut zum Bürgermeister um Quartier, und sie kamen mit der Kunde zurück, daß wir im Schafstall schlafen sollten. Wir haben uns erst mal den Stall angeschaut, aber es war unmöglich. Dann ging ich zum Bürgermeister und sprach um ein anderes Quartier vor. Er wollte nicht so richtig, aber dann bemühte er sich doch. Es hat zwei Stunden gedauert, bis er [für] 5 Leute, also zwei Quartiere ausfindig machte. […] Dann endlich um 9 herum konnten wir die Quartiere beziehen und mußten noch lange auf dem Hof stehen. Wie mich die Bäuerin sah, sagte sie zu Frau Richter, der Mann lebt nur noch 3 Tage, und ich hörte das, aber es tat weh, und [ich] lebe immer noch. Heute, wo ich den Artikel niederschreibe, ist der 15.1.1946. Das Essen war gut und das Lager auch. [Sogar] Betten und Federbetten waren vorhanden. Man ist ein Federbett gar nicht mehr gewohnt, denn ich habe die ganze Nacht geschwitzt. Früh gingen wir runter zum Essen, und ich legte mich dann wieder ins Bett, denn Ruhe hatte ich sehr notwendig. Mittagessen bekamen wir auch noch […] Fritz, Gerlichs Lidy [eigentlich Liese] und Helmut waren noch zum Heuboden gegangen, um zu tollen und dabei fand Helmut ein Ei und zeigte es uns. Ich meinte, er solle es austrinken und Schwamm drüber. Helmut hat es dem Schäfer gegeben. […] Dann gingen wir weiter. 4.8. / Wiepersdorf (4 km). Kamen schon zeitig im Dorf an und mußten noch lange warten bis der Bürgermeister kam und uns die Quartiere zuwies. Ich frug ihn auch gleich, ob wir den Sonntag über auch bleiben können, er bejahte gleich. Wir kamen zu sehr netten Leuten. Konnten uns gleich waschen und dann gab es ein gutes und reichliches Abendessen. Nachtlager bekamen wir in der Scheune, es war ja noch nicht kalt. Sonntag früh wusch Frau Richter unsere Wäsche. Ich legte mich nach dem Frühstück wieder aufs Lager. Nach dem Essen besserte Frau Richter für die Leute Weißwäsche aus, und ich unterhielt mich mit dem Hausherrn bis zur Kaffeezeit. Es gab Plinzen. Wir sagen Omeletten. Da konnten wir aus Butter, Zucker und Sirup wählen. Wir aßen sie mit Sirup. […] Der Hausherr erzählte vom Militär 1914. Ich verstand ihn sehr schwer, und wenn er lachte, so lachte ich auch und so verging die Zeit bis zum Abendessen. Nach demselben machte sich Frau Richter ein Badewasser, sie und Helmut haben dann in der Scheune gebadet, und ich habe mich niedergelegt. Am Montag bekamen wir noch das Frühstück und Frau Richter etwas Fett und 3 Eier für ihre Arbeit. 6.8. / Knippelsdorf (4 km), Bollensdorf (3 km). In dieser Ortschaft kamen wir zu Mittag an, wir hatten aber schon eine Weile vor der Ortschaft im Walde gelegen und das Zehnerbrot gegessen. Frau Richter kochte Kartoffeln mit Sauce. Gerlichs und Gebauers bekamen eine Mehlsuppe gekocht. […] Wir blieben noch eine Weile unter der Linde liegen, und ich schlief ein wenig. Dann gingen wir zum nächsten Ort wegen Nachtquartier. Der Bürgermeister machte mir vor der Nase die Türe zu und sagte, wir sollen noch weitergehen, und ich konnte nicht mehr. Ich machte das dem Bürgermeister klar […] und da gab er uns einen Quartierschein […] zu einem Bauern und schrieb noch ›ohne Verpflegung‹ dazu. Wir gingen zu dem Bauern hin und er jammerte auch, dass er für so viele Personen nicht für Essen aufkommen kann, und es war eine große Wirtschaft. Frau Richter und Frau Gebauer gingen dann nochmals zum Bürgermeister und legten ihm den Standpunkt klar. Es hat auch nicht viel genützt, zwei konnten dann zu einem anderen Bauern gehen. […] 7.8. / Körba am See (2 km). Wir wollten nach Dahme, um in der Kleinstadt verschiedenes einzukaufen. Wir bogen dann erst mal rechts von der Straße ab, um das Huhn zu kochen [das Fritz gefangen hatte]. Wie wir über dem Essen saßen, kamen zwei Landser abgehungert und sie sagten, daß in Dahme alle jungen Burschen wie Männer von den Russen abgefangen werden. So mußten wir unsere Route ändern und schlugen den Weg nach Körba ein. Wir kamen an einem verlassenen Lager vorbei. Ob es ein deutsches oder ein russisches war, das konnte man sehr schlecht feststellen. Frau Richter und Helmut gingen hin, ob sie etwas Brauchbares dort finden würden. Aber es war nichts dort als ein Stück wasserdichte Leinwand und die nahm Frau Richter mit. Rechts von dem Dorf standen vier kleine schöne Holzhäuschen. Frau Richter war so begeistert dafür, sie hätte gerne so ein Häuschen bezogen, aber es ging nicht. Ich frug nun einen Bauern, wo der Bürgermeister wohnt, da meinte er, dort kommt er gerade mit dem Rade angefahren. Ich sprach ihn dann an, er fragte, wieviele Familie wir sind, und da sagte ich zweimal 3 und einmal zwei. […] Da kam ein junges Mädchen, recht freundlich, gab uns jedem die Hand und führte uns gleich in ein Zimmer, dann entschuldigte sie sich und sagte, sie habe noch viel Arbeit. Wir wuschen uns und warteten im Zimmer. Dann kam der Bauer und die Bäuerin, die gaben uns auch die Hand. Nach zirka einer Stunde wurde das Abendessen aufgetragen. Kartoffeln mit Griewen und Oel, dann konnte man noch Brot und Butter essen. Es war nur ein ganz kleiner Bauer, die Russen hatten ihm auch viel genommen, und da ist man auch mit dem Wenigen zufrieden, wir wurden auch satt. [...] Wir bekamen ein Zimmer mit Betten und konnten uns wieder einmal richtig ausschlafen. Früh gab es Mus-Schnitten, wir konnten uns auch Butter nehmen. Aber da sie nicht viel Butter hatten, begnügten wir uns mit dem Mus. [...] Frau Richter half in der Küche. [...] Zu Mittag gab es gute Möhren und sehr reichlich. Frau Richter wusch wieder ab [und bekam] Kartoffeln. Ich frug die Tochter des Hauses, ob sie nicht eine Landkarte hätte. Ich wollte mir wieder eine Route abzeichnen. Da sagte sie, sie hätte eine, nur die Russen hätten sie arg zugerichtet. Sie holte sie herbei und es war gar nicht mal so schlimm. Sie schenkte sie mir. Nun war ich sehr froh, daß ich vom Kreis Schweinitz eine ausführliche Karte hatte. Nun konnte man sich doch einen kleinen Überblick machen. Wir packten nun unsere Sachen und wollten uns verabschieden, da mußten wir noch Kaffee mittrinken. Wir verabschiedeten uns herzlich und werden immer an diese lieben und netten Menschen zurückdenken, denn sie wußten, was Not ist und haben für uns das Möglichste getan.

Die Vertriebenen laufen im Kreis. Noch sehen sie kein Ende. Krank, geschwächt, voller Angst und Unsicherheit warten sie vor den Dörfern im Kreis Schweinitz. Erst ab der vollen 20. Stunde ist es den Vertriebenen erlaubt, jeweils den Bürgermeister eines Ortes um die Zuweisung einer Übernachtungsmöglichkeit zu bitten.

11.8. / Schönwalde (4 km), Ahlsdorf (3 km). Um die Mittagszeit kamen wir hier an. Ich ging gleich zum Friseur und ließ mich wieder zu einem Menschen machen, denn ich sah schon wild aus. Dann ließ ich mir die Absätze richten. Frau Richter hielt dann Umschau, wegen einem Mittagessen, und brachte grüne Bohnen. Wir aßen bei dem Friseur vor der Haustür und ließen es uns gut schmecken. Eine Frau mit zwei Kindern hatte sich uns in Freiwalde angeschlossen und sie bekam dann von der Friseursfrau auch ein Mittag. Es kam dann eine Frau mit einem Blech Kuchen an uns vorüber und der roch so gut. Da meinten wir, wir hätten schon ein Vierteljahr keinen Kuchen mehr gegessen. Da meinte die gute Frau, ob wir ein Messer bei der Hand hätten. Helmut gab sein Taschenmesser und da schnitt sie uns einen schönen Streifen ab und gab ihn uns. Diesen Kuchen haben wir mit sehr viel Andacht und Appetit gegessen. Dann gingen wir weiter nach Ahlsdorf und die Frau mit den zwei Kindern fuhr auch mit. […]

Sonntagnachmittag war in diesem Dorf katholischer Gottesdienst. Wir gingen hin. Ich habe ministriert, denn sie hatten keinen Meßdiener. Dann gingen wir eine Weile spazieren und dann ging es wieder zu dem Bauern zum Nachtmahl. Da gab es Brot, Butter und Speck. […] 13.8. Schönewalde (3 km), Schmielsdorf (2 km) / Wie wir auf dem halben Wege nach Schönewalde waren, kam ein Fuhrwerk, das ein Schwein aufgeladen hatte, an uns vorbei. Blieb dann stehen und nahm uns alle nach Schönewalde mit. Wir ließen die Sachen bei den Bauern. Helmut blieb auch dort. Frau Richter und ich gingen dann auf die Gemeinde. Ich wollte versuchen, in Schönewalde als Friseur zu bleiben, denn sie hatten nur einen Lehrjungen für das ganze Städel. Es wurde nichts draus. Der Bürgermeister sagte, die beiden Volkssturmmänner, die Friseure waren, erwartet er zurück, und dann habe er keinen Platz mehr. Er muß im Gegenteil 16 Häuser für die Russen wegen dem Getreide räumen. Da war eben nichts zu machen. […] dann gingen wir weiter nach Schmielsdorf. Dort hausierte Helmut die eine Seite der Häuser ab, die andere nahm das kleine Mädel. Etwas Brot und 3 Eier brachte Helmut. […] Stolzenhain (4 km) […]

Wir hatten sehr gute Leute getroffen. Wir wuschen uns gleich und die Oma bereitete uns das Nachtmahl. Es gab fette Röstkartoffeln und Suppe, hinterher Butterbrot und Kaffee. Wir haben im Zimmer geschlafen. Ich auf dem Sofa, Frau Richter und Helmut auf dem Strohsack. Wir haben wie die Fürsten geschlafen. Früh gab es wieder ein gutes Frühstück. Dann habe ich den Jungen die Haare geschnitten und Helmut auch gleich bei der Gelegenheit mit. [...] 15.8. Buschkuhnsdorf (2 km); Reicho (3 km) / Um 11 kamen wir an Buschkuhnsdorf an. Wir setzten uns vor eine Haustür und warteten die Mittagszeit ab. Helmut ging um Butterschnitten und brachte auch 2 Eier. Zu Mittag holte uns ein Bauer um Essen und das gab es reichlich. Er gab uns noch Brot mit. Von diesem [Bauern] brachten wir in Erfahrung, wo wir einen Kinderwagen kaufen können. Frau Richter ging gleich zu der Frau, und richtig, sie besorgte den Wagen. Nun hörte das Tragen [für] Frau Richter und Helmut auf, denn lang genug hatten sie meine Sachen mitgetragen. [...]

18.8. Wir gingen nach Schweinitz auf das Gemeindeamt. Dort bekamen wir eine Anweisung nach Schützberg. Wir ließen uns noch einen Brotschein geben. Und dann ging es weiter zum Endziel. In Jessen, beim Roten Kreuz, bekamen wir eine Mehlsuppe zu kaufen. Nun ging es über Grabo nach Hemsendorf. Dort wollten wir über Nacht bleiben, aber der Bürgermeister schickte uns weiter nach Gorsdorf. Wir waren schon bis auf die Haut naß. In Gorsdorf schickte man uns weiter. Der Bürgermeister: Gehen Sie noch die 3 km, dann sind Sie wenigstens am Ziel. Und wir gingen auch diese Strecke noch und kamen um 8 [abends] in Schützberg an. Man wollte uns nicht hierbehalten, aber da kamen sie bei mir an die falsche Adresse. Wir mußten im Polenlager schlafen und zu Kirschners sollten wir essen gehen. Wir gingen gleich hin und trockneten ein wenig unsere Sachen und dann gab es Nachtmahl. Sehr gut und reichlich. Dann gingen wir schlafen mit dem Gedanken, was wird der morgige Tag bringen.

Und tatsächlich bekommen sie, wie Gerhard Poppe voller Erleichterung festhält, nach der fünfwöchigen Qual und Ungewissheit im Kreis Schweinitz eine Behausung zugewiesen. Keine, die sie am nächsten Morgen wieder verlassen müssen.

In der 2007 im Gilchinger Verlag Druffel & Vorwinkel erschienenen historischen Studie »Der tschechische Völkermord an den Sudetendeutschen« relativiert Hans-Peter Storch im Rückblick insbesondere die Situation im sowjetisch besetzten Teil Deutschlands:

Die Kriegsfolgelasten, die die Länder und Landesteile innerhalb der SBZ zu tragen hatten, waren im Vergleich zu den West-Zonen wesentlich höher. Allein schon die Aufnahme, Versorgung und Unterbringung der Flüchtlinge aus Schlesien, Ostpreußen und die geflüchteten und vertriebenen Sudetendeutschen in mehrfacher Millionenzahl stellten die deutschen Behörden kurz und mittelfristig vor fast unlösbare Aufgaben und man fragt sich heute, wie dies bei den äußerst knappen Ressourcen bewältigt werden konnte. Hinzu kam, daß die Verkehrsinfrastruktur in vielen Bereichen durch den Abbau des zweiten Geleises bei zweigleisigen Eisenbahnstrecken infolge der sowjetischen Reparationsforderungen neben den Kriegszerstörungen an Brücken zusätzlich geschwächt wurde. Die Reichsbahn muß hier aufgrund des hohen Organisationsgrades hervorragendes geleistet haben. Der besetzte Landesteil mußte sich plötzlich von heute auf Morgen bei der Bereitstellung der Nahrungsmittel selbst versorgen. Da die großen agrarischen Gebiete in Pommern, Schlesien und Ostpreußen nicht mehr zur Verfügung standen.

Gruß aus Schweinitz, Elster
Partie hinter der Schule

Historischen Ansichtskarte von Schweinitz

Schweinitz ist Kreisstadt, gelegen an der Schwarzen Elster mit einer etwa 800-jährigen Geschichte, deren Siedlungsname sich offenkundig auf den Wildschweinreichtum der bewaldeten Gegend gründet und die mit ihrer Kirche St. Marien auf den Prediger Martin Luther verweisen kann.

Ihr neues Zuhause finden die Richters endlich im Dorf Schützberg, das inzwischen Ortssteil der Stadt Jessen ist. Bei der Aufzählung alle heutigen Ortsteile Jessens ist eine große Zahl der Ortschaften aufgeführt, die die Gruppe um Gerhard Poppe und Rosa Richter durchlaufen hat. Das – Stand 2022 – rund 130 Einwohner zählende Schützberg, zu dem auch der an der Mündung von Schwarzer Elster und Elbe gelegene Ortsteil Kietz gehört, ist seit Jahrhunderten immer wieder vom Hochwasser betroffen. Als typisch für den Ort gelten die Auszugshäuser, auch Ausgebindehäuser genannt, in die, wie bereits erwähnt, nach der Weitergabe des Hofes an den Nachwuchs die Altbauern ziehen. Heute gilt dieser traditionelle familiäre Zusammenhalt als Mehrgenerationen-Projekt.

In seiner etwa 50 Jahre später geschriebenen Neufassung der Erzählung»Frosch im Hals«, die den Extrakt eines etwa ein Jahrzehnt zuvor verfertigten Hörspiels enthält, gestaltet Helmut Richter eine Art Rückschau auf das wochenlange Umherirren. Seine Protagonisten sind ein Großvater und dessen etwa elfjähriger Enkel. In der DDR ist keine Rede von Vertriebenen, im offiziellen Sprachgebrauch herrscht der Terminus *Umsiedler* vor. Westdeutsche Vertriebenen-Verbände gelten als reaktionär. In der genannten Erzählung, die 1998, anlässlich des 65. Geburtstages Helmut Richters in dem Sammelband »Wiedersehn nach Jahr und Tag« im Leipziger Verlag Faber & Faber erscheint, kommen die Ausgetriebenen aus dem Böhmischen:

Er kam aus dem Böhmischen, wie er gern sagte, und er war erst kurz nach dem Krieg hierhergekommen und war damals so alt gewesen wie der Junge jetzt war, und die weiten Kieferwälder waren ihm anfangs nicht nur fremd gewesen, sondern geradezu furchteinflößend. Etwas Abweisend-Bedrohliches hatten sie an sich gehabt. Zudem lagen auch noch allenthalben beiseitegeworfene Waffen herum, in manchem Jagen waren die Schützengräben noch nicht wieder zugerieselt, und eilig zusammengeschusterte Schilder warnten da und dort vor Minen. ACHTUNG MINEN stand auf den Tafeln. Mehr nicht. Es konnte ein Scherz sein oder blutiger Ernst, und immer gerade dort wuchsen die prächtigsten Pilze und die süßesten Beeren. Und nicht selten war er verwahrlosten Männern begegnet, die ihn anstarrten, als trügen sie gerade einen schlimmen Gedanken aus ...

[...] Das Häuschen, das sie schließlich erreichten, stand auf dem Hirtenberg, der hängigen Rückseite des Dorfes, und war früher eine simple Laube gewesen, und daß man sie Umsiedlern als Wohnung zugewiesen hatte, das war auch schon in der Nachkriegszeit eine Zumutung gewesen. Die Hitze des Sommers war darin gerade noch auszuhalten, aber den ersten Winter überstanden die Mutter und er nur, indem sie das einzige Bett, das sie hatten, Tag und Nacht nicht auskühlen ließen und in ihm lagen in allen verfügbaren Kleidern, einschließlich der Mäntel. Später hatten sie das Häuschen nach und nach ausgebaut und noch später hatten sie das Grundstück sogar kaufen können. Und dann nach dem Tod der Urgroßmutter, hatte der Großvater es lange als Datsche genutzt und war nun, nach dem Verlust der Stadtwohnung froh, eine bezahlbare Bleibe zu haben.

An vielen Orten werden die Denkmäler für die Gefallenen des Ersten Weltkrieges nach 1945 um die Namen der Soldaten erweitert, die im Zweiten Weltkrieg gefallen sind. Selbst in dem von Bombardements verschonten knapp 300-Seelen-Dorf Schützberg (Zählung 1941) gibt es ein Zeichen des Krieges. Sichtbar steht die 1871 gepflanzte Friedenseiche neben der 1896 zum Teil erneuerten Kirche, als Zeichen des Sieges des Norddeutschen Bundes über Frankreich.

In Schützberg muss die erwerbslose Rosa Richter sich und ihren Sohn zunächst mit einer monatlichen Beihilfe des Sozialamtes von gerade 20 Mark durchbringen, ehe ihre seit Jahren bestehende Invalidität auch von den deutschen Behörden in der sowjetischen Besatzungszone anerkannt wird. Anhand des überlieferten Amtsbescheides erhält sie ab 1. Januar 1951 vom Kreissozialamt des Landkreises Herzberg eine erhöhte Fürsorgeunterstützung von 47,50 Mark im Monat. Das Amt geht davon aus, dass Helmut zu der Zeit bereits »in Arbeit steht«. Per 1. Februar 1951 folgt einen Monat später der Rentenbescheid: Die Invalidenrente wird Rosa Richter von der Sozialversicherungsanstalt Sachsen-Anhalt bewilligt. Als Zuverdienst näht sie Reiterjacken. Das Ringreiten hat in Schützberg eine lange Tradition. Im Galopp versuchen die Reiter zu Pferde mit einer Lanze einen Ring aufzuspießen. Gewinner ist, wer die meisten Ringe sticht. Ein Wettbewerb, der eher in nordischen Ländern ausgetragen wird.

Der Rat
des Landkreises ~~Schweinig~~ x Herzberg
- Kreissozialamt -
G.-Nr. VII ~~-2a~~ -3-4436

Herzberg (Elster), den .4. Dezember . 19.50.

An

Frau Rosa Richter

in . . . Schützberg . . . .

Betr.: Sozialfürsorgeunterstützung.
Bezug: . . Schreiben der S.K. .

Auf Grund des festgestellten Ermittlungsergebnisses wird die Ihnen bisher gewährte Fürsorgeunterstützung im Monatsbetrage von .35,00. . . . . DM mit Wirkung vom . 5.55.50. . ab auf .47.50. . . DM
erhöht — ~~herabgesetzt~~xx   1.7.51.

Wir weisen wiederholt darauf hin, daß Sie verpflichtet sind, jede Aenderung in Ihren Familien- und Wirtschaftsverhältnissen uns oder der die Unterstützung auszuzahlenden Dienststelle auch fernerhin anzuzeigen. Wir bitten noch um sofortige Mitteilung, wo und bei wem Ihr Sohn Helmut jetzt in Arbeit steht. Ferner bitten wir um Einreichung einer Bescheinigung der Sozialversicherungskasse , aus der ersichtlich ist,dass und aus welchen Grunde Sie keinen Rentenanspruch haben.

Im Auftrage: gez.Zinke.
begl.:

MDV. Zweigstelle Herzberg (Elster)   1482 548/538 5.11.49   1000

F II/57 Van 1 4 10.

Sozialversicherungsanstalt Sachsen-Anhalt
Hauptabteilung

~~Herrn~~-Frau-~~Fräulein~~ Rosa Richter
                                          Schützberg

Rentenzeichen: (bitte bei allen Zuschriften angeben)
8   77471   8
01   17

(19)
über   Krs.Herzberg
                         Nr. 28

Rentenbescheid

(19b) Magdeburg, den 2. 7. 195 1
Domplatz 1—4

Die beantragte   Invaliden -   -rente für Sie und die nachstehend aufgeführten Waisen ist gemäß §49/55 der KSV ab 1. 1. 195 1 bewilligt worden. Nach umstehender Berechnung beträgt die Rente, und zwar einschließlich Zuschlag für den Ehegatten und Kinderzuschlag für

1. . . . . gcb. . . .   3. . . . . geb.
2. . . . . ab . . 1. .   4. . . . . geb.

monatlich 45.70 . . . DM, z. Z. jedoch mindestens . . . 55. . . . DM, zuzüglich ab 1. 9. 50 auf Grund der Rentenerhöhung . 1 X DM 10,00 = DM 65 . . .

Die für Ihren Wohnort zuständige Zahlstelle Herzberg der Sozialversicherungskasse Herzberg wird Ihnen — als Vormund — die Rente ab . 1. 8. . 195 1 laufend jeden Monat für die Dauer der Berechtigung auszahlen

Die Nachzahlung der Rente für die Zeit vom 1.1.51 bis 31.7.51 beträgt 390.-- DM

Darauf ist die in der Zeit vom . . . — . . . bis . . . . unter dem Zeichen —
8 —   bezogene —   -Rente — zur Hälfte — voll anzurechnen mit — DM
Der Rest von . . . . DM

wird Ihnen nach Abzug etwaiger Rentenvorschüsse und empfangener Fürsorgeunterstützung ausgezahlt — überwiesen — werden. Diesbezüglich und wegen Rückgabe der eingezahlten Versicherungsunterlagen wie nachstehend aufgeführt wollen Sie unverzüglich frühestens eine Woche nach Erhalt dieses Bescheides bei der obigen Sozialversicherungskasse (Zahlstelle) vorsprechen.

Gegen diesen Bescheid ist eine Beschwerde möglich. Sie ist innerhalb eines Monats von dem und die Zustellung dieses Bescheides folgenden Tag ab schriftlich nur bei der für Ihren Wohnort zuständigen Sozialversicherungskasse einzureichen. Der angelochte Bescheid ist beizufügen.

Sie erhalten zurück: . . . . weis. 1 Abl. Bescheid.

(Siegel)

Im Auftrage: gez.
Beglaubigt:

Bitte wenden!

Leistungsbescheide des Kreissozialamts Herzberg und
der Sozialversicherungsanstalt Sachsen-Anhalt

Helmut Richter (Mitte) im FDJ-Hemd

Helmut Richter erlangt 1948 den Achtklassenabschluss an der zweizügigen Volksschule von Schützberg. Schnell schließt er an seinem neuen Lebensort Freundschaften mit Gleichaltrigen und wird mit 14 Jahren Mitglied der Freien Deutschen Jugend (FDJ), einer Organisation, die junge Antifaschisten bereits 1936 in Paris gründen und bei der es zu weiteren Gruppenbildungen in Prag und Großbritannien kommt. Bei der Gründung in den Besatzungszonen per 7. März 1946 werden der Name und das Emblem der einstigen Exilorganisation übernommen.

Die Führung der Kommunistischen Partei Deutschlands (KPD) setzt darauf, mit der FDJ eine »breite antiimperialistische demokra-

Freie Deutsche Jugend
– Kreisvorstand Schweinitz –

Herzberg, im April 1950

Lieber Freund!

Jetzt sind es nur noch wenige Tage bis zum Deutschlandtreffen, bis zu jenen Pfingsttagen des großen Bekenntnisses der Jugend für Einheit, den Frieden und das Glück aller deutschen Menschen. Aus Westen und Osten, aus Süden und Norden ganz Deutschlands strömen 500 000 Jungen und Mädel zum demokratischen Teil Berlins, zu dem größten und gewaltigsten Friedensfest der deutschen Jugend. Sie begehen diese Tage gemeinsam mit der demokratischen Weltjugend.

Sportgruppen, Chöre, Musik-, Laienspielgruppen usw. arbeiten von Tag zu Tag in erhöhtem Tempo, um in Berlin im gegenseitigen Wettbewerb als Sieger hervorzugehen.

Die Theater, Kinos und Kulturstätten bereiten sich im demokratischen Teil Berlins in ihren Programmen auf den Empfang der 500 000 vor. Tausende von Jugendfreunden arbeiten schon seit mehreren Wochen an der Errichtung des Sportstadions Mitte, das 70 000 Menschen fassen wird, damit unsere 40 000 Sportlerinnen ihre große Massengymnastik durchführen können. Sie errichten dieses neue Sport-Stadion, weil der Leiter des westberliner Spaltermagistrats das Olympia-Stadion nicht freigegeben hat. In diesem Sportstadion wird die deutsche Jugend die Freundschaft, nun auch auf sportlichem Gebiet, mit der Sowjetunion noch bedeutend festigen. Das große internationale Fußballspiel zwischen der

Auswahlelf der Deutschen Demokratischen Republik und einer Spitzenmannschaft der Sowjetunion

wird am Pfingstmontag angepfiffen werden!

Welches Mädel möchte nicht gerne sehen, wenn die

Volkskunstgruppen der demokratischen Weltjugend

und die

Nationale Kulturgruppe der Freien deutschen Jugend

ihre Darbietungen bringen!

500 000, das ist eine gewaltige Zahl! **Doch schon jetzt weisen die Teilnehmermeldungen auf, daß diese Zahl noch beliebig erhöht werden könnte.** Ein Zeichen dafür, daß unsere Freunde und unsere Eltern begriffen haben, die deutsche Jugend niemals wieder für einen Heldentod auf imperialistischen Schlachtfeldern herzugeben. Alle Eltern und Jugendfreunde werden mithelfen, daß die junge Generation in einem dauerhaften Frieden einem glücklichen Leben entgegen geht!

Die FDJ hört nicht auf die Lügenmeldungen des RIAS!

Sie denkt garnicht daran, Westberlin zu erstürmen!

Freund, höre nicht auf die Stimmen der Werber für eine neue Söldnerarmee! Auch Dir wird jetzt noch die Möglichkeit eingeräumt, am Friedensfest der deutschen Jugend teilzunehmen. Trenne darum die untenstehende Teilnehmermeldung ab und übergib sie a u s g e f ü l l t s o f o r t Deinem Gruppenleiter!

Wir grüßen Dich und Deine Eltern mit einem herzlichen Freundschaft!

gez. E u l e, Kreisvorsitzender der FDJ.

Hier abtrennen!

....

Auch ich will dabei sein!

Name: ...., Vorname: ...., Alter: ....

Wohnort: .... und Gruppe: ...., Funktion: ....

12 B.I. 864 5000 839   Unterschrift ....

Teilnahmewerbung der FDJ im Kreis Schweinitz, 1950

tische« Organisation aufzubauen und damit viele Jugendliche zu erreichen.

Nach dem Abschluss der Volksschule, der Arbeit in der Landwirtschaft und der in der Vita des späteren Schriftstellers nicht näher definierten Tätigkeit als Gemeindesekretär, beginnt Helmut Richter im Spätherbst 1950 eine Schlosserlehre bei der Sowjetischen Aktiengesellschaft Bleichert in Leipzig. Seine Mutter bleibt in Schützberg wohnen. Nach dem Abschluss der Lehre wird ihr Sohn den Beruf des Maschinenschlossers nur einmal ausüben. Und das zwangsweise.

ODER SIND WIR IMMER ZU ZEITIG GEBOREN?

Mit Komplikationen beginnt für den schon ein wenig erfolgsverwöhnten Literaturstudenten Helmut Richter das Jahr 1963. Wenige Wochen zuvor ist er 29 Jahre alt geworden. Er ist verheiratet mit Brigitte Richter, geborene Feller, die als Tochter des Kleinunternehmers Alfred Feller, Teilhaber der Firma »Heim- und Hüttenschuh«, und seiner Frau Gerda aus dem sächsischen Hartha stammt. Die Richters beziehen eine Wohnung in der Fritz-Seeger-Straße im Leipziger Stadtteil Gohlis in Teilhauptmiete. Teilhauptmiete ist ein für die DDR typisches Instrument, um die Wohnungsnot zu verringern. Nicht zu vergleichen mit selbstgewählten Wohngemeinschaften. Bei der Teilhauptmiete werden die Parteien, die zusammenwohnen, in der Regel willkürlich vom Amt zusammengeführt.

Der Stadtteil Leipzig-Gohlis ist allein wegen seiner Nähe zum Stadtgrün Rosental sehr beliebt. Auch ist er weniger dicht besiedelt und von den Bombardements während des Zweiten Weltkrieges nicht so stark betroffen wie jene Teile der Stadt, die im Zentrum oder in dessen Umfeld liegen. Im vorläufigen amtlichen Abschlussbericht vom 30. Dezember 1943, der mit »Geheim« gekennzeichnet ist, heißt es nach dem verheerenden Bombardement der Messestadt Leipzig am 4. Dezember 1943:

Schwer betroffen: Stadtkern innerhalb des Promenadenrings, angrenzende innere Ost-, Süd-, West- und Nordstadt / Leichter betroffen: die äußere Ost- und Nordstadt / Fast unbeschädigt: alle Stadtteile im äußeren Westen, Süd- und Nordwesten.

Zahlreiche Kirchen und Orte der Bildung und Kunst fallen den Bomben und Bränden zum Opfer. 1.550 Menschen sterben bei diesem Luftangriff, 752 werden schwer verletzt. Etwa ein Fünftel des Leipziger Wohnungsbestandes ist nach dieser Nacht, wie es im Bericht heißt,»ausgefallen«. Allerdings:»Nur geringe Verluste erlitten die Rüstungsbetriebe der Maschinen- und Metallindustrie.«

In einem der notdürftig hergerichteten Gebäude der Universität besucht der gelernte Maschinenschlosser Helmut Richter ab 1. September 1953 die Arbeiter-und-Bauern-Fakultät (ABF) in Leipzig. Aufgenommen werden an der ABF vornehmlich Arbeiter und Bauern im Alter von 18 bis 35 Jahren. Mit Stipendien, kostenlosem Lehrmaterial und lebensmittelmarkenfreien Mahlzeiten sorgt sich der Staat um seinen akademischen Nachwuchs. Die Abschaffung von Bildungsprivilegien zählt dabei zur obersten Zielsetzung. Allen Bevölkerungsschichten soll der Zugang zur Universität ermöglicht werden. Nach Erlangen der Hochschulreife nimmt Helmut Richter ab 1956 an der Leipziger Universität, die seit Mai 1953 den Namen von Karl Marx trägt, das zweijährige Studium der Physik auf und schließt es 1958 als diplomierter Physiker ab. Helmuts Mutter kann zu Weihnachten 1955 ihren Sohn zu seiner Verlobung mit Brigitte Feller noch beglückwünschen. Seine Hochzeit zu erleben, die am 30. Juni 1956 in Leipzig stattfindet, ist ihr nicht vergönnt. Sie stirbt Monate zuvor mit 64 Jahren im Kurheim »Waldruh« in Sitzenroda in der Nähe von Schildau.

Im Amt für Messwesen arbeitet Helmut Richter ab 1958 als Prüfingenieur. Körperlichen Ausgleich findet er bis ins hohe Alter im Volleyballspiel. Die Mannschaft, der er in den 1960ern angehört, rangiert in der DDR-Liga. Nicht belegt, aber wahrscheinlich spielt Helmut Richter für den Leipziger Sportclub Rotation, der 1956 gegründet wird, rund 750 Mitglieder zählt und sieben Sektionen vereint. Im Volleyball erringen die Männer von Rotation Leipzig 1960 und 1962 den DDR-Meistertitel.

Helmut Richter bei der Arbeit als Prüfingenieur

Wenige Tage nach dem Bau der Mauer wird Helmut Richter erneut Student. Im September 1961 beginnt er am Leipziger Institut für Literatur »Johannes R. Becher« das dreijährige Direktstudium. Zwei Jahre zuvor nimmt Helmuts Frau Brigitte Richter, die gelernte Schuhindustriefacharbeiterin, die sechs Jahre als Verkaufsstellenleiterin tätig ist, ein Fernstudium der Handelswirtschaft auf.

Womöglich ist es die Begegnung mit den Gedichten Max Herrmann-Neißes, die Helmut Richter einen Sinn für Lyrik geben. Ein Lehrer der »2-klassige[n] Schule Schützberg« schenkt dem 13-Jährigen Herrmann-Neißes schmalen Gedichtband »Heimatfern«: Zur Leseempfehlung schreibt er in das Buch: »Es ist nur klein, doch soll es für Dich eine Freude sein. – Weihnachten 1946«. Herrmann-Neiße ist als 54-Jähriger 1941 im Londoner Exil gestorben. Der Aufbau-Verlag Berlin veröffentlicht »die Verse eines deutschen Dichters, der seine Heimat nicht vergessen konnte«. Ein zentrales Gedicht der Auswahl heißt »Heimatlos«:

Heimatlos

Wir ohne Heimat irren so verloren
und sinnlos durch der Freude Labyrinth.
Die Eingebornen plaudern vor den Toren
Vertraut im abendlichen Sommerwind.
Er macht den Fenstervorhang flüchtig wehen
und läßt uns in die lang entbehrte Ruh
den sichren Frieden einer Stube sehen
und schließt sie vor uns grausam wieder zu.
Die herrenlosen Katzen in den Gassen,
die Bettler, nächtigend im nassen Gras,
sind nicht so ausgestoßen und verlassen
wie jeder, der ein Heimatglück besaß
und hat es ohne seine Schuld verloren
und irrt jetzt durch der Fremde Labyrinth.
Die Eingebornen träumen vor den Toren
und wissen nicht, daß wir ihr Schatten sind.

Die Nachkriegsjahre gestalten sich vielerorts als gute Zeit für Lyrik. Die Lyrikwelle, die in den 1950ern in den USA mit Autoren der Beat-Generation wie Jack Kerouac, Allen Ginsberg und William S. Burroughs verbunden ist, breitet sich aus. Das nach Stalins Tod und dem XX. Parteitag der KPdSU im Osten einsetzende politische Tauwetter lässt die Welle auch in der Sowjetunion anwachsen. Hauptakteure sind hier Bella Achmadulina, Jewgeni Jewtuschenko und Andrej Wosnessenski. Und auch auf die DDR schwappt die Lyrikwelle über.

Im Dezember 1962 ist es Stephan Hermlin, als Sekretär der Sektion Dichtkunst und Sprachpflege der Akademie der Künste Berlin, der zu »Junge[r] Lyrik – unbekannt und unveröffentlicht« einlädt. Damit bietet er vielen zukünftigen Dichterinnen und Dichtern des

Aufruf an junge Dichter, Anzeige in der FDJ-Zeitung »Junge Welt«
vom 14. November 1962

Landes DDR vor großem Publikum am Berliner Robert-Koch-Platz eine Bühne. Der Plenarsaal der Akademie zählt 400 Zuhörerinnen und Zuhörer. Eingesandt werden von 144 Autorinnen und Autoren insgesamt 1250 Texte. Ausgewählt werden schließlich kaum mehr als vier Prozent der Einsendungen.

Nachdem Stephan Hermlin Lieder Wolf Biermanns vom Tonband abgespielt hat, trägt er 63 der eingesandten Gedichte von 27 jungen Lyrikerinnen und Lyrikern vor und bestreitet damit den ersten Teil des Abends. Zu Gehör kommen u. a. Gedichte von Sarah und Rainer Kirsch, Volker Braun, Bernd Jentzsch, Friedemann Berger, Klaus Möckel, Uwe Greßmann und Bernhard Klaus Tragelehn. Nach der Pause gibt es die Aufforderung aus dem Publikum, die anwesenden Lyriker sollten sich doch selbst zu Wort melden und ihre Gedichte bzw. Lieder vortragen. Allen voran Wolf Biermann. Im ersten Teil der Veranstaltung stellt Hermlin dieses Gedicht Rainer Kirschs vor:

Meinen Freunden, den alten Genossen

Wenn ihr unsere Ungeduld bedauert
Und uns sagt, daß wir's heut leichter hätten,
Denn wir lägen in gemachten Betten,
Denn ihr hättet uns das Haus gemauert

– Schwerer ist es heut, genau zu hassen,
Und im Freund die Fronten klar zu scheiden,
Und die Unbequemen nicht zu meiden,
Und die Kälte nicht ins Herz zu lassen.

Denn es träumt sich leicht von Glückssemestern,
Aber Glück ist schwer in diesem Land.
Anders lieben müssen wir als gestern
Und mit schärferem Verstand.

Und die ganze Last der Wahrheit kennen.
Und die Träume ganz beim Namen nennen.

Als wäre es eine Steilvorlage, korrespondiert Wolf Biermann im zweiten Teil des Lyrikabends mit Rainer Kirschs Versen. Doch wird er um vieles direkter. Immer wieder zitiert wird im Zusammenhang mit dieser Akademie-Lesung die Schlussstrophe von Biermanns Lied

An die alten Genossen

[…] Drum seid mit meiner Ungeduld
Nicht ungeduldig, ihr alten Männer; Geduld
Geduld ist mir die Hure der Feigheit
Mit der Faulheit steht sie auf Du und Du
Dem Verbrechen bereitet sie das Bett.
Euch aber ziert Geduld.
Setzt Eurem Werk ein gutes Ende
In dem ihr uns
Den neuen Anfang laßt!

»Oh, nicht diese Töne!«, hört man angesichts dieser Strophe die alten Genossen in ihrem brandenburgischen Domizil, der Waldsiedlung Wandlitz, mit Schiller raunen. Kein Wunder also, dass für Stephan Hermlin die Aktion am Abend des 11. Dezember 1962 nicht ohne weitreichende Folgen bleibt. Genosse Hermlin übt schließlich Selbstkritik. Die Parteidisziplin zwingt ihn, sein Amt als Sekretär der Sektion Dichtkunst und Sprachpflege niederzulegen. Dabei hatte Hermlin nichts anderes im Sinn als »die weitere Abwendung der Jugend von der offiziellen Kulturpolitik auf[zu]halten«, wie es Gunnar Decker in seinem Buch »1965. Der kurze Sommer der DDR«, erschienen 2015 im Carl Hanser Verlag München, festhält:

Fragen statt Antworten. Wissen statt Glauben! So der Grundtenor dieser neuen Texte, denen Hermlin jenseits des offiziellen Bitterfelder Wegs in der Akademie eine Bühne bietet. […] Die Stimmung ist gut, steigert sich, wie ein Tonbandmitschnitt belegt, geradezu zum Happening. Hermlin liest souverän, genießt sichtlich die Situation, hier zum Geburtshelfer einer neuen Dichter-Generation zu werden. So also kann es zugehen in der DDR: intelligent, offen, verantwortungsvoll über die Zukunft (nicht nur der Dichtung) debattierend. Und dabei vor allem fröhlich und jenseits aller ideologischen Floskeln.

Die während der Lesung geäußerte Kritik am Zentralorgan der Sozialistischen Einheitspartei Deutschlands (SED), der Tageszeitung »Neues Deutschland«, sowie einzelne der frei vorgetragenen Verse erzeugen das Missfallen der Parteioberen. Selbst auf dem VI. Parteitag der SED, der wenige Wochen nach dem Akademieabend vom 15. bis 21. Januar 1963 stattfindet, ist der Lyrikvortrag ein Thema. Von Kurt Hager, dem Sekretär des Zentralkomitees der SED und Kandidaten des Politbüros, wird die Kritik unmissverständlich ausgesprochen:

Der Lyrikabend der Akademie, der auf Initiative und unter Leitung des Genossen Hermlin stattfand, wurde zu Ausfällen gegen das Zentralorgan der Partei mißbraucht und zur Verbreitung von Gedichten, die vom Geist des Pessimismus, der unwissenden Krittelei und der Feindschaft gegenüber der Partei durchdrungen waren.

So der Wortlaut in Kurt Hagers »Erinnerungen«, die er 1996 im Verlag Faber & Faber veröffentlicht hat, in jenem Leipziger Verlag, der ab 1998 auch Helmut Richters Heimstatt wird. Gegenüber Willi Bredel, dem Akademie-Präsidenten, kritisiert Kurt Hager die Akademie der Künste scharf:

[…] weil es in der Akademie zugehe, wie in einem englischen Oberhaus, wo ein Lord dem anderen nicht weh tut und der Präsident keine Macht habe […] Die erhabene, geradezu majestätische Isoliertheit im Elfenbeinturm hinderte aber weder Peter Huchel noch andere Mitglieder der Akademie, den Angriff gegen die Politik der Partei und gegen den sozialistischen Realismus zu führen. […] Unsere Literatur und Künste müssen die Menschen

Kulturhaus »Alfred Frank« in Leipzig, 1969

begeistern, für den umfassenden Aufbau des Sozialismus mit Verstand und Herz zu leben, ehrlich zu arbeiten, allen Mängeln und Schwächen unduldsam zu begegnen und entschieden gegen feindliche Einflüsse zu kämpfen. Sie sind geradezu das wichtigste Mittel der sozialistischen Erziehung, wenn sie zu den entscheidenden Fragen unseres Lebens in Werken von hoher künstlerischer Qualität Stellung beziehen.

Noch vor der Beratung des Politbüros und des Präsidiums des Ministerrates mit Schriftstellern und Künstlern im März 1963 und im Nachklang zu der Berliner Akademielesung fand am 9. Januar in

Werner Lindemann, Adel Karasholi und Helmut Richter (von links), 1963

Leipzig ebenfalls ein Lyrikabend statt. Bestritten wird er vor allem von Studenten des Literaturinstituts »Johannes R. Becher«. Etwa 500 Interessierte kommen zur Lesung in das Kulturhaus »Alfred Frank« im Stadtteil Schleußig, in die ehemaligen »Mätzschkers Festsäle«, um Gedichte zu hören und deren Verfasser zu erleben. Zu den Vortragenden gehören Andreas Reimann, Helmut Richter, Werner Lindemann, Adel Karasholi und auch Volker Braun, der an der Leipziger Karl-Marx-Universität Philosophie studiert und dem einen Monat zuvor schlichtweg das Fahrgeld fehlte, um in Berlin bei der von Stephan Hermlin inszenierten Lyriklesung in der Akademie der Künste dabei zu sein.

Im Kern von ähnlicher Intention ausgehend wie Helmut Richter in seinem Gedicht »Vom Träumen«, wenn auch vehementer und von ausufernder Direktheit, meldet sich Volker Braun zu Wort. Mit seinem (später in keine Sammlung aufgenommenen) Agitprop-Gedicht »Agitatoren«, das die »Leipziger Volkszeitung« eine Woche nach der genannten Leipziger Lyriklesung am 19. Januar 1963 veröffentlicht, verdeutlicht der 23-jährige Philosophiestudent die Ungeduld, die Gegenwart so zu nehmen, wie sie ist:

Agitatoren

Wie schwer das ist: unter Euch zu sein, Genossen!
Die endlosen Schlachten der Agitatoren zu schlagen
(in den Straßenbahnen, den Tanzbars, auf dem Rübenfeld sowie
bei den Studenten der Medizin, in Hausfluren):
wo wir sind, ist Kampf, wo wir sind
ist das Jahrtausend zu Ende.
Wie schwer das ist, geduldig zu sein wie ihr,
entlarven, anspornen, Klarheiten austauschen:
Ihr Unermüdlichen, ihr Sehnsüchtigen, ihr Sehnsuchtenteiler!
Heitere Wimpel zu hissen in der Not des Sturms.
Keiner sage, daß es ertragbar sei.

Mit Scheinwerfern kalken wir hell den Himmel.
Wir pinseln Wegweiser in die stahltriefende Unendlichkeit.
Wir werfen der Schlauheit Netze aus über
die Riffe des Starrsinns –
Unser Fang: eine Brust Wind,
ein Blick Wiese, vielleicht
das Gesicht eines Menschen.

O, Kühlheit des Morgens. Ungeduld
Des Anfangs! Welt des Neuerers: Zuversicht!
Warten auf das Brot vor dem keimenden Korn!
Verwerfen des Plans nach dem Jubel der Posaunen!
Suchen der Freude im Antlitz nach einem einzigen Wort!
O schweres Los, als Mensch des neuen Jahrtausends
In das alte geboren zu sein.

Eberhard Hackethal, zu dieser Zeit Leiter der FDJ-Studentenbühne
der Karl-Marx-Universität Leipzig und zwölf Jahre später ebendort
außerordentlicher Professor für Geschichte der deutschen Arbeiter-
bewegung, bezieht sich in der Januarausgabe 1963 der Universitätszeitung (UZ) auf Volker Brauns Lyrik und straft den Gleichaltrigen
mit diesem Vorwurf ab:

In diesem Gedicht begegnen uns Töne, die nicht überraschen,
nicht weil sie neu sind, Kapitulanten und Jammerlappen hat es
auch in der Kunst schon immer gegeben, sondern weil sie immerhin die Meinung eines Menschen unserer jüngeren Generation, eines Studenten der marxistisch-leninistischen Philosophie,
widerspiegelt. Volker Braun drückt in seinem Gedicht im Grunde nur seine Angst vor den hohen Anforderungen beim Aufbau des Sozialismus aus und bedauert sich zeilenlang selbst, der
er das »Pech« hatte, in einer Zeit des Kampfes geboren zu werden. […] für Volker Braun scheint das Wesen der Agitation (und
des Sozialismus) darin zu bestehen, daß es schwierig ist, »keiner
sage, daß es ertragbar sei«.

Helmut Richters Gedicht »Vom Träumen«, das für ihn nicht ohne
Folgen bleiben wird, kommt ebenfalls an dem Abend zum Vortrag.

Vom Träumen

Ich bestehe zur Hälfte aus Träumen,
Die erst ein nächster erlebt.
Der anderes träumt,
Das ein Späterer lebt
Und so weiter ...

Ich habe oft Sehnsucht nach einem Schoß,
Der mich wieder zurücknimmt für später.

Oder sind wir immer
Zu zeitig geboren?

In genannter Universitätszeitung meldet sich Anfang 1963 die 60-jährige Professorin für literarische Publizistik und Stilistik der Leipziger Universität, Frau Dr. Hedwig Voegt, mit einem Angriff auf den Verfasser und sein Gedicht zu Wort:

Es geht um alle jene Literaten, für die der gegenwärtige Tag grau und ohne Hoffnung ist und die ihren Nihilismus zumeist in der Form abstrakter Lyrik niederschreiben. Ein trauriges Beispiel solcher Lyrik ist das Gedicht »vom träumen«, das Helmut Richter auf verschiedenen Lyrikabenden zum Vortrag brachte. Dieses Gedicht gehört nicht in unsere Welt, sondern widerspiegelt [...] den schrankenlosen Subjektivismus einer verfaulenden Gesellschaftsordnung: es ist selber ein Produkt des Abfalls dieses Fäulnisprozesses. Es ist morbid, der Wirklichkeit entrückt, abstrakt und antirealistisch. Die Zurücknahme des Lebens, die sich in den Versen ausdrückt:
»Ich habe oft Sehnsucht nach einem Schoß, der mich wieder zurücknimmt für später.«

tötet alle schöpferischen Fähigkeiten, alle menschlichen Beziehungen zerstörend [...].

Die Universitätszeitung ist das Organ der Kreisleitung der SED der Karl-Marx-Universität und damit die Stimme der Partei. Früher noch als Kurt Hagers Äußerung zur Berliner Lesung greift die SED-Genossin Voegt Helmut Richter direkt an und verurteilt dessen Gedicht »Vom Träumen«. Weit über den eher epigrammatischen Text hinausgehend fragt die künftige Trägerin des Vaterländischen Verdienstordens Hedwig Voegt (eine Auszeichnung, die dem gescholtenen Helmut Richter Jahre danach zunächst in Bronze [1971] und später in Silber [1978] gleichfalls zuteilwird – eines der Paradoxa des DDR-Systems):

Wo ist Prometheus? Er ist zurückgenommen, wie es dem Weltbild des Imperialismus entspricht.

Diese Kritik ist nicht literaturwissenschaftlich begründet, sondern einzig parteipolitisch motiviert und soll zu negativen Konsequenzen für den Verfasser dieser Verse führen. Für Prof. Dr. Hedwig Voegt gehört ein solches Träumen nicht zur künstlerischen Freiheit. Sie nennt es nihilistisch, wenn sich ein Autor eine andere Gegenwart wünscht, ein Autor, der zudem Student einer Kunsthochschule der DDR ist.

In Nachfolge von Alfred Kurella fungiert als Direktor dieser Hochschule Max Zimmering. Geboren wird er 1909 in Pirna. Eben dort wird er 1971 Ehrenbürger. Emigriert ist der Kommunist 1933 und kehrt 1946 nach Deutschland zurück. Als SED-Genosse begleitet er verschiedene administrative Funktionen. Ab 1958 wird er der zweite Direktor des Instituts für Literatur und ist 1959 beteiligt an der Namensgebung der autonomen Hochschule zu Ehren des Dichters und Multi-Funktionärs Johannes R. Becher. Zimmerings

Bühnenstück »Die Jagd nach dem Stiefel« gehört ab 1953 zum festen Repertoire vieler Kinder- und Jugendtheater in der DDR. Das Originalmanuskript gilt als verschollen. Die Erstausgabe des Buches erscheint 1936 in tschechischer Sprache und muss nach Zimmerings Rückkehr ins Deutsche rückübersetzt werden. Die Erzählfassung ist in der DDR Schulstoff der 4. Klassenstufe und prägt bei Zehnjährigen das Bild der SA, der Sturmabteilung der Nationalsozialisten. 1962 wird »Die Jagd nach dem Stiefel« von der DEFA verfilmt und erhöht die Bekanntheit und die Geltung des Autors. Von Max Zimmering erwartet die Partei Gehorsam und die Relegation des Literaturstudenten Helmut Richter. Zimmering gehört seit dem Exil dem Internationalen P.E.N.-Club sowie auch dem deutschen Exil-P.E.N. an und ist inzwischen Mitglied des seinerzeit noch gesamtdeutschen P.E.N.-Zentrums Ost und West. Die Charta der Poets, Essayists, Novelists verpflichtet die Mitglieder eindeutig zum Kampf für die Freiheit des Wortes. Andererseits impliziert die vernichtende Lesart des Gedichts den Parteiauftrag, den Verfasser vom Studium zu exmatrikulieren. Im Übrigen ein Exempel, das es bisher an dieser Einrichtung nicht gibt und das erst nach dem Prager Frühling 1968 mit den Exmatrikulationen u.a. der Studenten Siegmar Faust, Odwin Quast, Andreas Reimann, Dieter Mucke, Gert Neumann und der Studentin Helga M. Nowak das Literaturinstitut nachhaltig in Verruf bringt.

Es ist nicht belegt, ob das gleichnamige Gedicht »Vom Träumen«, das von Johannes R. Becher, dem Namensgeber des Instituts, stammt, bei der Erörterung und Bewertung des Vorgangs herangezogen wird. In der für die Aufarbeitung der SED-Diktatur wichtigen Recherche von Joachim Walther »Sicherungsbereich Literatur«, erschienen 1996 im Christoph-Links-Verlag Berlin, gibt Walther ein Bild von der Situation, in der sich die Leitung des Literaturinstituts in den ersten Jahren nach dem Mauerbau befindet. Es heißt in der Einschätzung des Vorlauf-Operativ-Vorganges Nr. XIII/2036/61:

Institut für Literatur »Johannes R. Becher«

[…] daß es sich bei den Beschuldigten fast ausschließlich um Angehörige des Instituts für Literatur »Johannes R. Becher« in Leipzig handelt. Sie bilden zwar noch keine organisatorisch festgefügte feindliche Gruppierung, deren Mitglieder mittels einer gemeinsamen ideologischen Konzeption ein Staatsverbrechen begehen wollen, stehen sich aber ideologisch sehr nahe und verbreiten – sowohl bei gelegentlichen Zusammenkünften in Gaststätten als auch getrennt bei anderen Gelegenheiten – Gedanken und Theorien, die dem Marxismus fremd sind und revisionistische Ansichten erkennen lassen. Die Beschuldigten sind Genossen unserer Partei. Neben dem Hauptbeschuldigten Werner Bräunig, Assistent für Fernstudium am Institut für Literatur und Abgeordneter des Kreistages Leipzig-Land, ist der Student desselben Instituts, Helmut Richter, der zweite Wortführer.

Befragungen am Institut ergaben, daß dort keine politische Klarheit herrsche, die »positiven Kräfte« in der Minderheit seien, die

Studenten mit Vorliebe Westradio hörten, sich nicht über die Bedeutung des »antifaschistischen Schutzwalles« im klaren seien, Zweifel am Wahrheitsgehalt der DDR-Presse hegten und behaupteten, daß die künstlerische Freiheit in der DDR eingeengt werde.

[…] Auf Grund einer Einschätzung des Vorlaufs durch die Abteilung IX ergab sich, daß die erarbeiteten Fakten nicht ausreichen, um Ermittlungsverfahren einleiten zu können.

Im Nachlass Helmut Richters findet sich kein Verweis auf die geistige Verwandtschaft zu Becher. Möglich, dass sie ihm Beistand gab. Das erste Quartett des Sonetts und der Anfang des zweiten lauten:

Sind's Träume nicht, wohin ihr Zuflucht nehmt,
Wenn das, was ihr euch wünscht, nur karg und spärlich
Die Wirklichkeit erfüllt? Und mancher schämt
Sich dessen, daß er träumt und meint: gefährlich

Ist solch ein Traum, da er die Tatkraft lähmt.

(Johannes R. Becher: Vom Träumen)

Am Literaturinstitut setzen sich die Schriftsteller und Hochschullehrer Georg Maurer und Max Walter Schulz für den Studenten Helmut Richter ein. Schulz tritt 1964 als Direktor die Nachfolge von Max Zimmering an und macht bereits jetzt seinen Einfluss geltend. Die Exmatrikulation wird abgewendet. Stattdessen hat sich Helmut Richter als Arbeiter in der Produktion zu bewähren. Ebendort, wo die finanzielle Grundlage für den Überbau geschaffen wird. Diese Art der Bewährung im Produktionsablauf gilt im Hochschulbildungssystem der DDR als probates Mittel der Erziehung. Der gelernte Maschinenschlosser Helmut Richter kehrt somit im Sommer 1963 in seinen

Ihre Zeichen:	Ihre Nachricht vom:	Unsere Zeichen	Hausapp.	LEIPZIG N 22

Lützowstraße 34

15. 9. 1963

Betreff:

Beurteilung über den Kollegen Helmut R i c h t e r ,
geboren am 30. 11. 1933

Kollege Richter arbeitete seit 6. 6. 1963 in der Meisterei
Grusa der Abt. Großstahlbau als Schlosser.

Gemeinsam mit seinem gestellten Mitarbeiter führte er die
ihm aufgetragenen Arbeiten sauber und gewissenhaft aus.
Er war stets pünktlich und willig. Seinen Kollegen und
Vorgesetzten gegenüber war er offen und ehrlich.

Bei Versammlungen sowie Produktionsberatungen in der Meisterei war Koll. Richter aufgeschlossen und gab Anregungen
zu Diskussionen.

Meister

Vertrauensmann

VEB Schwermaschinenbau
Verlade- u. Transportanlagen

Leipzig
Kaderinstrukteur

BETRIEBS-NR: 13/1331/6000 — KONTINGENTTRÄGER NUMMER: 3102

RUF: 59 4181	DRAHTWORT: VAUTEA	FERNSCHREIBER: 051308	BANK-KONTO: DEUTSCHE NOTENBANK LEIPZIG KONTO: 1300, KENN-NR.: 113 000

IV/19/1 Lp. 64441/61   20 000

»Beurteilung über den Kollegen Helmut Richter«, VTA, September 1963

Lehrbetrieb zurück und arbeitet in der Werkhalle in Schichten. Die verordneten sechs Monate verkürzen sich über die Semesterferien de facto auf drei, woran niemand Anstoß nimmt. Aus der Sowjetischen Aktiengesellschaft Bleichert ist inzwischen der Volkseigene Betrieb (VEB) Schwermaschinenbau Verlade- und Transportanlagen Leipzig geworden, kurz VTA.

Mit derselben Jahreszahl 1963 wird auch Helmut Richters Mitgliedschaft in der SED genannt. Aus heutiger Sicht stellt sich die Frage, war es eine taktische Entscheidung? Das verneint Brigitte Richter. Für beide war die Mitgliedschaft in der SED, die für sie erst mit dem Ende der Partei im Jahr 1990 endet, eine Entscheidung aus Überzeugung.

Vor Beginn des neuen Semesters 1963/64 erhält Helmut Richter die Absolution der Arbeiterklasse. Vom Schlossermeister Grusa wird ihm eine positive Beurteilung ausgestellt. Die Arbeit in der Produktion wird sich für ihn als Schule für seine Geschichten erweisen.

Zurückgekehrt ans Institut für Literatur sitzt Helmut Richters Dank tief. Sowohl mit seinem Lehrer Georg Maurer als auch mit Max Walter Schulz wird er bis zu deren Tod 1971 bzw. 1991 freundschaftlich und voller Hochachtung verbunden bleiben.

Dem verehrten Georg Maurer widmet Helmut Richter 1964 das Sonett

Die Schüler und der Lehrer

Mit dem tiefen Ernst, den Kinder haben,
Weil man neue Wege einsam geht;
Weil der Eltern Kenntnisse versagen,
Wo kein Wegschild ihrer Kindheit steht,

Saßen sie um ihn. Er war ihnen
Zwar kein Weggefährte, doch im Suchen gleich.
Und wenn ihre Wege weglos schienen,
Sprach er Mut zu, und zugleich,

Ging er selbst auf seinem Wege fort,
Wagte Schritte ins angeblich Leere,
Und sie sahn: Es ging auch dort.

Und sie kamen schließlich überein,
Wenn ein Lehrer für sie möglich wäre,
Müßte der wie er beschaffen sein.

Rückblickend beschreibt Helmut Richter seinen Lehrer in dem 1983 in Druckfassung veröffentlichten Porträt »Der Lehrer Georg Maurer«, das vermutlich im Zusammenhang mit dessen zehntem Todestag im Jahr 1981 entstanden ist.

[Ein] Dichter von tiefen Einsichten. Er hätte noch viele Jahre gebraucht, um sich ganz auszusagen. Und er war ein Lehrer, der es verstand, Behutsamkeit mit Anspruch zu verbinden. [...] Man weiß, daß ihn der Lehrauftrag sehr belastete. Und zwar natürlich nicht deshalb, weil er zu jeder der wöchentlichen Doppelstunden eine riesige Tasche Bücher herbeischleppte, sondern wegen der Verantwortung, die ihm das institutionierte Lehrer-Schüler-Verhältnis auferlegte. Es wußte genau, wie schwer jedes seiner Worte wog, wie schwerwiegend jede seiner Einschätzungen war. Daß eine Beurteilung von ihm von vielen als Urteil angesehen wurde. So oder so! Aber aus diesem Konflikt entwickelte er eine Methode, die beispielhaft war, weil sie ganz auf die Wirkung des Beispiels setzte.

Seminargruppe mit Georg Maurer (rechts vorn), Helmut Richter rechts außen

Seminargruppe mit Georg Maurer (3. von links),
Helmut Richter am Tisch (2. von rechts)

Er selbst sagte, seine Methode bestünde darin, daß er keine habe. Und soviel ist daran wohl wahr, daß er sich auf jeden neuen Schüler neu einstellte. Er hatte keinen starren Lehrplan, keinen Leisten, über den er den einen oder anderen schlagen wollte. Er stellte sich ein, auf das, was ihm entgegenkam. Seine Erwartungen waren stets hochgespannt: eine Haltung, die ihm natürlich auch sonst eigen war, sein aktives Verhältnis zur Welt ausdrückte. Denn in ihm waren die spontane allseitige Entdeckersucht und die unbeschädigte Fähigkeit des Erstaunt-sein-Könnens, die gewöhnlich nur der Jugend nachgesagt werden. [...] Er praktizierte seine Methode, die freilich nur der praktizieren kann, der die Dichtung aus mehreren 1000 Jahren überschaut. Und zwar nicht nur überschaut.

Er entnahm der schier unerschöpflich großen Tasche, von der schon die Rede war, Buch um Buch und umstellte die Gedichte seiner Kuranten mit Beispielen der Weltliteratur wie mit großen Spiegeln. Und das taugte dazu, daß sich die einen bald wiedererkannten, und das taugte dazu, daß sich die anderen ihres schöpferischen Andersseins bewußt wurden.

1970 kehrt der Absolvent Helmut Richter an das Literaturinstitut zurück und übernimmt das »Schöpferische Seminar Lyrik« von seinem Lehrer Maurer. Das erste Jahrzehnt des Mauerbaus ist für den angehenden Schriftsteller, der sich auch als Journalist versteht, gleichermaßen von Erfolg und Enttäuschung geprägt.

In ansprechender Form, mit Schutzumschlag, in Leinen gebunden und mit Lithografien des Leipziger Künstlers Frank Ruddigkeit versehen, erscheint 1967 im Mitteldeutschen Verlag Halle (Saale) Helmut Richters Debüt-Band »Land fährt vorbei«. In dem 1975 (in 2. Auflage) erschienenen Lexikon »Schriftsteller der DDR« aus dem VEB Bibliographisches Institut Leipzig erfährt der Lyrikband diese

Einschätzung: »[Hier wird] ein Lyriker vorgestellt, der die ›völlige Überwindung der Vergangenheit durch sozialistische Integration‹ aus persönlicher Sicht lyrisch zu erfassen sucht.« Eine Quelle des Zitats ist nicht genannt.

Einen Aspekt des Debütbandes bildet die Rückschau auf die Kindheit. Im Klappentext beschreibt Helmut Richter seinen Besuch in Bruntál mit diesen Worten:

Ich fuhr los, das Elbtal aufwärts nach Mähren. Ich reise nachts wie in einem Traum, der Zug war überfüllt, Urlauber, Soldaten, Slowaken, Tschechen, Zigeuner … Gesichter, Gesichte. Am Morgen kam ich an und stand lange über der Stadt, in der ich zur Welt gekommen war: Die Straßen viel enger, die Häuser viel kleiner, als in meinem Erinnern. Mit Kinderbeinen gemessen. Die Stadt war mir vertraut und doch fremd. Hier hatte ich einmal gelebt, leicht, daß ich noch Spuren fand, aber Heimat war sie nicht mehr.

Der Mitteldeutsche Verlag, der später eine Zweigstelle in der einstigen Buchstadt Leipzig gründen wird, ist Helmut Richters Stammverlag. In diesem Verlag veröffentlicht er von 1967 bis 1990 neben der erwähnten Lyrik, Reportagen und Prosabände – darunter den erfolgreichen Roman »Scheidungsprozeß« (1971) – und ist in mehreren Anthologien des Verlages vertreten. 1983 erscheint der von seinem langjährigen Freund und Lektor Klaus Walther in der Reihe »Im Querschnitt« herausgegebene Sammelband »Über sieben Brücken musst du gehn. Literarische Landschaften«. Anlass ist der 50. Geburtstag des Autors. Das entspricht einer nicht unüblichen Wertschätzung der Autorinnen und Autoren von Seiten ihrer Verlage in dieser Zeit. Beispiele finden sich in mehreren Verlagsprogrammen, vor allem in dem des Leipziger Verlages Philipp Reclam jun., sofern dem Werk der Autoren eine gewisse Vielfalt sowie Bedeutung zugeschrieben wird und sie nicht im offenen Konflikt zum politischen System stehen.

16 Jahre nach seinem Lyrik-Debüt ist in dem genannten Querschnittband »Literarische Landschaften« die Vertreibung erneut Gegenstand. Zur Auswahl gehört die Neuauflage der bereits 1964 verfassten »Ballade von der Brücke«, deren Titel jetzt den Zusatz »und von den wandelbaren Zeiten« trägt und verdeutlicht, dass das Brücken-Thema bei Helmut Richter allgegenwärtig ist. Bereits in dem aus 25 Gedichten bestehenden Konvolut seiner Abschlussarbeit im »Schöpferischen Seminar Lyrik« des Instituts für Literatur aus dem Jahr 1964 gibt es diesen speziellen Verweis auf seine Vorliebe für die Brücken-Metapher:

Über die Liebe

Zwischen dir und mir ist ein Abgrund,
Der das Verheimlichte birgt
Meiner Knabenträume,
Deiner Mädchenjahre:
UNSERER SEHR FRÜHEN ZEIT

Ich baue uns eine Brücke:
ZWEI ZÄRTLICHE BÖGEN,
Gestützt auf den Pfeiler Vertrauen.

Das offensichtlich Manuskript gebliebene Gedicht »Über die Liebe« korrespondiert mit Helmut Richters »Ballade von der Brücke« aus dem Debütband »Land fährt vorbei« und macht die Erinnerung an eben dieses Bauwerk in Freudenthal fest:

Ballade von der Brücke

1

Meinen Heimatort zertrennte tief ein Tal,
Das ein Bach dem monotonen
Ebnen Hochland in Äonen
Eingeschnitten. Er war tief, doch schmal.

Keine Brücke klaffte von Rand zu Rand,
Nur ein Pfad auf Ziegenbeinen
Sprang hinunter und auf drei, vier Steinen
Übern Bach. Klomm drüben durch die Wand.

Alles, was zum Leben nötig war,
Was nicht Vieh und Garten liefern konnten,
Schleppten die, die hüben wohnten
Auf dem schmalen Saumpfad durch das Kar.

2

Eine Brücke! Sie war allgemach
Jedem zum Symbol geworden,
Meinte sie, wenn sie vom *lichten* Morgen
Nach dem schweren Heute sprach.

Endlich bauten sie sie. *Licht* und *schwer*!
Heller Stein aus fernen Brüchen
Überladen mit absonderlichem,
Liebevollem Porphyrzubehör.

Als das siebte Jahr zu gehen beschloß,
Stand der wuchtig-starke Bogen,
Der dem Pfahl der Plackerei nach oben
Als ein Sternbild an den Himmel schoß.

3
Jede Phase, die der Bau gedieh,
Hieb ein Steinmetz in die Ehrenplatten,
Und die Dichter, die gehungert hatten,
Hatten Stoff und Brot und Ruhm wie nie.

Doch bereits die Söhne hörten den Bericht
Von dem Brückenbau wie Märchenlesen.
Sagten freundlich: Es ist so gewesen,
Aber sie gefällt uns nicht.

Gingen, weil ihr Rücken grade war,
Ihrer Art gemäß den Tag zu enden,
Trugen ihre Mädchen auf den Händen
Auf dem schmalen Saumpfad durch das Kar.

In dem Interview, das der Literaturwissenschaftler und Herausgeber
Klaus Kändler mit Helmut Richter für den für 1983 geplanten Jubiläumsband führt und das die Zusammenstellung aus Prosa, Lyrik, einem Hörspieltext und einigen Fotografien abschließen wird, benutzt
der Schriftsteller das im Osten übliche Wort *Umsiedler*. Das Wort
Vertreibung gilt als revanchistisch und wird in der DDR, dem Bruderland der Tschechoslowakischen Sozialistischen Republik, allein den
als revanchistisch geltenden Vertriebenenverbänden in der Bundesrepublik Deutschland zugeschrieben. Auf Klaus Kändlers Frage zu
Helmut Richters Verhältnis zum Leipziger Umland, antwortet dieser:

Ich bin Umsiedler. Ich stamme aus einer Gegend in der ČSSR, die in allen charakteristischen Punkten fast gegensätzlich beschaffen war. Hier Ebene, dort Gebirge. Hier Geschichtsträchtigkeit, dort Geschichtslosigkeit. Hier ökonomischer Reichtum, dort Armut. – Vielleicht war diese Gegensätzlichkeit für mich der Anlass zum Schreiben: Als Versuch, das Gefühl des Andersseins zu überwinden und mir diese so anders geartete Landschaft [gemeint ist: Leipzig und sein von Tagebauen devastiertes Umland] vollständig zur Heimat zu machen. Ich bin ja in einem für spätere Schriftstellerei sehr ungünstigen Lebensalter aus meiner Geburtsstadt ausgesiedelt worden. Mit elf Jahren hat man das ganze Geflecht von sozialen, geographischen, von gegenwärtigen und historischen, von emotionellen und rationellen Elementen, die alle den Inhalt des Begriffs Heimat ausmachen, noch nicht genau genug in sich aufgenommen, um es (wie üblich in der Literatur) direkt oder vergleichend immer wieder reflektieren zu können.

Als junger Absolvent hat sich Helmut Richter stets auch als Journalist begriffen und Beiträge für das SED-Bezirksorgan *Leipziger Volkszeitung* (LVZ) geschrieben. Für deren Rubrik »LVZ-Schriftsteller-Lexikon« interviewt er seine erfolgreiche Leipziger Kollegin Hildegard Maria Rauchfuß. Angesichts der Tabuisierung der Vertriebenen-Problematik in der DDR verwundert es nicht, dass Helmut Richter das eigene Schicksal mit keiner Silbe anklingen lässt. In dem am 8. April 1967 veröffentlichten Interview, das er mit Hildegard Maria Rauchfuß führt und das sich vor allem auf deren unlängst abgeschlossenes Buch »Schlesisches Himmelreich« bezieht, klammert er Verweise auf sein eigenes Schicksal aus. Die fast 16 Jahre ältere Hildegard Maria Rauchfuß, die 1945 aus Breslau, der damaligen Frontstadt des Deutschen Reiches, fliehen muss, gehört einer anderen Generation an. Als 27-Jährige erlebt sie den Verlust ihrer Heimat sehr viel stärker. Doch auch sie benutzt das unverfängliche Wort »Umsiedler«:

Ich glaube, jeder Schriftsteller muß sich früher oder später einmal Kindheit und Jugend »von der Seele« schreiben. Das ist ein Vorgang der Objektivierung der Weltsicht. [...] Es ist doch so, daß für die meisten ehemaligen Umsiedler der Verlust ihrer Heimat ein sehr schwerer Schlag war. Das ist natürlich. Hier in diesem Deutschland wurde ihnen eine neue Heimat gegeben, aber das heißt ja noch lange nicht, daß damit die Erinnerung an die alte ausgelöscht war. Und die Erinnerung ist eine höchst produktive Abteilung unseres Hirns. [...] Jeder ehemaliger Umsiedler, der sich in harten, inneren Auseinandersetzungen zur Einsicht in die Notwendigkeit jener, von den damaligen Alliierten beschlossenen Maßnahmen durchgerungen hat, muß bestürzt und erbittert sein, dass seine »Landsleute« schon wieder, schon zum zweiten Male als Begründung für eine aggressive Expansionspolitik herhalten müssen. Aus dieser Bestürzung muss natürlich Aktivität gewonnen werden.

Im Sinne der Partei verdeutlicht Helmut Richter mit einer Zwischenbemerkung noch einmal deren Order: Dass die genannte Expansionspolitik von Seiten Westdeutschlands ausgeht.

LIEBEN – OHNE ANGST
ZU HABEN

Journalistische Arbeiten wie das zitierte Interview mit Hildegard Maria Rauchfuß befähigen den Autor Richter auch für das Genre der Reportage. Im Auftrag des Freien Deutschen Gewerkschaftsbundes (FDGB) erhält der Absolvent des Literaturinstituts, der als hoffnungsvolles Nachwuchstalent gilt, den Zugang zur Arbeitswelt einer Großbaustelle. Und das in Form eines sogenannten Betriebsvertrages. Der Auftrag lautet, mittels einer Reportage den Aufbau des Kraftwerkes Thierbach im Bezirk Leipzig, dem dann größten Kohle-Kraftwerk der DDR, zu beschreiben.

Helmut Richter führt diese Erfahrung zu seinem Thema, das sein literarisches und dramatische Werk grundsätzlich bestimmen wird. Immer wieder und genreübergreifend widmet er sich fortan dem Leben und Arbeiten auf Großbaustellen, verfasst die Problematik in Erzählungen und entwickelt sie in Form von Hörspielen und Filmszenarien. Doch anders als in der faktenreichen Reportage dominiert in der Fiktion das Zwischenmenschliche, bestehen Liebe und Arbeit in Einklang oder Missklang.

Der Reportageauftrag bietet dem Familienvater Ende der 1960er-, Anfang der 1970er-Jahre eine finanzielle, wenn auch zeitlich befristete Grundlage für die freiberufliche Existenz als Schriftsteller, ähnlich heutigen Arbeits- oder Aufenthaltsstipendien, wie sie u. a. Bundeseinrichtungen, Kommunen und Stiftungen vergeben.

Im Sommer 1965 wird Helmut Richters Tochter Tina geboren. Brigitte Richter, die gleichermaßen voll im Berufsleben steht, gilt mit 29 Jahren als Spätgebärende. Eine Einordnung, die bei Müttern ab

FREIER DEUTSCHER GEWERKSCHAFTSBUND
BEZIRKSVORSTAND LEIPZIG

Bezirksvorstand des FDGB, 701 Leipzig, Karl-Liebknecht-Straße 30/32

Herrn
Helmut Richter

7022   L e i p z i g
- - - - - - - - - -
Fritz - Seeger - Straße 19

701 LEIPZIG
Karl-Liebknecht-Straße 30/32
FERNSPRECHER:
3010
BANKKONTO:
Stadt- u. Kreissparkasse Leipzig
Nr. 5802-32-50028
FERNSCHREIBER:
Nr. 51337

| Ihr Zeichen | Ihre Nachricht | Unsere Nachricht | Unser Zeichen kit/neu Tag 2. 9. 1971 |

Werter Kollege Richter!

In Verwirklichung des Sekretariatsbeschlusses 131/71 (Auftragspolitik) fand am 15.6.1971 mit Ihnen ein Gespräch über den Stand
der Arbeit der literarischen Reportage Kraftwerk Thierbach statt.

Die gemeinsame Überprüfung und Sichtung der Stoffsammlung ergab,
daß bei der Fülle von Problemen es zweckmäßiger ist, einen Roman
zu erarbeiten und keine Reportage. Die Entstehung eines Romans mit
allen sich ergebenden Konsequenzen würde die Möglichkeiten des
Auftraggebers jedoch übersteigen.

Der Auftraggeber, FDGB-Bezirksvorstand Leipzig und der Auftragnehmer, Schriftsteller Helmut R i c h t e r , kommen deshalb
überein,

- daß der Vertrag und die Schaffung einer literarischen Reportage
  in seinem Wesen und Inhalt erfüllt ist;

- daß die Zeit der Stoffsammlung identisch ist mit der Zeit des
  Auftrages;

- daß der Vertrag somit abgeschlossen ist und der Auftraggeber
  gegenüber dem Auftragnehmer keine Verpflichtungen mehr hat.

Auf Wunsch des Schriftstellers Helmut Richter wird der FDGB-Bezirksvorstand Leipzig bei der weiteren Entstehung des Romans im
Kraftwerk Thierbach als gesellschaftlicher Mentor wirken.

(Trolle)   (Richter)
Sekretär   Schriftsteller
FDGB-Bezirksvorstand

Angabe des Diktatzeichens und des Datums bei Antwort hilft Zeit sparen.

01/18/71   LG 2/835/70

Bescheid über die Erfüllung des Betriebsvertrages
(Reportage zum Kraftwerk Thierbach) durch Helmut Richter, 1971

Mitte 20 in der DDR nicht selten vorgenommen wird. Die Geburt verläuft schwierig. Es gibt Komplikationen. In einem im Sommer 2023 geführten Interview mit Brigitte und Tina Richter loben Mutter und Tochter den unermüdlichen Einsatz von Ehemann und Vater und beschreiben die direkt und indirekt erlebte Fürsorglichkeit. Als der Säugling zur Stabilisierung seines Zustandes in der Kinderabteilung des Sankt-Georg-Krankenhauses bleiben muss, bringt Helmut Richter täglich die abgepumpte Muttermilch zur Station. Väterliche Fürsorge lässt er seinem Kind Tina selbst noch als Erwachsene angedeihen. In dem seiner Tochter gewidmeten Gedicht halten sich Hoffnung und Zweifel die Waage:

Am Bett meiner eben erst geborenen Tochter

Du bist so schwer auf die Welt gekommen,
Hast du ihren Zustand schon mitbekommen?

Doch du wächst vielleicht in den Frieden hinein
Ohne den Krieg als Widerschein.

Also vergiss auch, ich möchte dich innigst bitten,
Dass Vater und Mutter sich manchmal stritten.

Dieses an die Tochter gerichtete Gedicht korrespondiert mit dem Gedicht »Eine Frau zum XXII. Parteitag [der Kommunistischen Partei der Union der Sowjetrepubliken]«, das ebenso wie das bereits genannte Gedicht »Über die Liebe« zu Helmut Richters Abschlussarbeit am Becher-Institut gehört. Ein Jahr zuvor nimmt Hanns Eisler »Eine Frau zum XXII. Parteitag« in seinen Liederzyklus für Bariton und Streichorchester »Ernste Gesänge« auf. Eine Vertonung, die Helmut Richter zeitlebens mit Stolz erfüllt.

In der Anthologie »Mutterliebe – Mutter und Kind im Spiegel deutscher Dichtung aus acht Jahrhunderten«, herausgegeben von Barbara Neubauer, erschienen 1964 im Ost-Berliner Verlag der Nation, trägt es den Titel »Erwartung« und als Untertitel »Eine Frau zum XXII. Parteitag« (1998 wird es lediglich »Inständige Erwartung« heißen). Der Abdruck stellt den Nachwuchslyriker in die Nachbarschaft von Nelly Sachs und Hilde Domin:

Erwartung

Eine Frau zum XXII. Parteitag

Kind, noch bist du nicht. Ich halte
Dich mit meinem Leib umfangen.
Wie ein Saatkorn ist die Hoffnung
Endlich in mir aufgegangen:

Dir erfüllen sich die Träume
Jener, die ihr Leben gaben
Für das unerlebte Glück:
LIEBEN – OHNE ANGST ZU HABEN

Kinderkrippe, Kindergarten und Kinderhort erleichtern es Eltern in der DDR, Berufstätigkeit und Familienleben zu vereinen. Die Quote der berufstätigen Frauen ist in dem von Industrie und Landwirtschaft geprägten Staat DDR besonders hoch. Zu den Anreizen zählen, neben der gleichen Bezahlung für gleiche Arbeit, die Frauenqualifizierungsmaßnahmen. Das Leitbild der berufstätigen Frau wird auch in der Verfassung der DDR vom 9. April 1968 festgeschrieben. Im Artikel 24, Absatz 2, heißt es im Sinne der Gleichberechtigung: »Gesellschaftlich nützliche Tätigkeit ist eine ehrenvolle Pflicht für jeden arbeitsfähigen Bürger. Das Recht auf Arbeit und die Pflicht zur Arbeit bilden eine Einheit.«

Es hört sich heutzutage naiv an, dass die SED-Führung mit ihren sozialpolitischen Maßnahmen dafür einstand, die Wohnungsmieten in Altbauten auf dem Niveau von 1937 zu halten. Ein Status, der sich als völlig unwirtschaftlich erweisen muss. Das führt bis 1990 zu Mieten, die in der Regel zweistellig sind, wobei Trink- und Abwasser in Mietwohnungen unbegrenzt fließen, eine Kilowattstunde acht Pfennige kostet, eine Straßenbahnfahrt für Kinder zehn und für Erwachsene 20 Pfennige, ein Brötchen hat den Preis von fünf Pfennigen, ein Zweipfundbrot kostet 51 Pfennige, Porto für Postkarten und Briefe fünf bzw. zehn Pfennige. Arbeiter zahlen fünf Prozent Lohnsteuer, Angestellte zehn.

Jedoch ist das Lohnniveau in der DDR dergestalt, dass sogenannte Extras sich meist nur jene Familien leisten können, bei denen beide Eheleute berufstätig sind und einer höheren Lohngruppe angehören. Zu den Extras gehören ein gebrauchter Pkw (es sei denn, man besitzt eine langfristige Anmeldung für einen Neuwagen), ein Garten- oder Wochenendgrundstück zur Revitalisierung der Arbeitskraft oder ein importierter Farbfernseher, für den – je nach Einkommen – ein halbes oder ganzes Jahresgehalt zu zahlen ist.

Den Alltag der Familien erleichtert der bezahlte Haushaltstag, der den berufstätigen Müttern ab 1952 jeden Monat zusteht. Und Brigitte Richters berufliche Karriere ist der Inbegriff einer erfolgreiche Frauensonderförderung in der DDR. Nachdem sie 1963 das Fernstudium an der Dresdener Fachschule für Binnenhandel abgeschlossen hat und bereits ein Jahr zuvor zum Direktor (die weibliche Form gab es nicht) des Kreisbetriebes Handelsorganisation (HO) Textil und Bekleidung berufen worden ist, folgt ein weiteres Fernstudium an der Wirtschaftswissenschaftlichen Fakultät der Karl-Marx-Universität Leipzig. Selbiges schließt Brigitte Richter 1970 mit dem Diplom ab und übernimmt folgerichtig die Frauensonderaspirantur an der

Handelshochschule Leipzig, die sie im Juli 1973 mit der Promotion beendet. Zeitgleich wird sie zum Direktor des SGB [Sozialistischer Großhandelsbetrieb] Textilwaren Leipzig berufen. Diesen Betrieb leitet sie bis 1983. Eine Führungsetage, in der auch in der DDR selten Frauen anzutreffen sind. Sie wechselt später an die Handelshochschule, wo sie 1987 eine ordentliche Professur annimmt und zum Direktor des Instituts für sozialistische Wirtschaftsführung an der Handelshochschule Leipzig ernannt wird. Das Institut erfährt unter Brigitte Richters Leitung zum Jahresbeginn 1990 ein zeitgemäßes Profil und wird bereits im März 1990 als Institut für Unternehmensführung an der Handelshochschule Leipzig neugegründet. Obgleich langjähriges SED-Mitglied, wird Brigitte Richter nach 1990 aufgrund ihrer Fähigkeiten den Professorentitel nicht verlieren, sondern ihn nach der Emeritierung und dem späteren Ausscheiden in den Ruhestand behalten. Eine Konstellation, die im Bereich der Ökonomie eher untypisch ist. Gerade hier werden viele Diplomabschlüsse unter den veränderten wirtschaftlichen Gegebenheiten nicht anerkannt.

Entlastung erfährt Brigitte Richter, die in all ihren leitenden Positionen stets einer hohen beruflichen Belastung ausgesetzt ist, von ihrem Mann. Ein freiberuflich tätiger Vater kann sich dem Bringen und Holen seines Kindes in oder aus dem Kindergarten bzw. später dem Hort widmen. Ein Rollenverhalten, das zu der Zeit jedoch überwiegend der Kindesmutter zugeschrieben wird. Allerdings bedeutet es für Helmut Richter nur einen kurzen Spaziergang. Der Kindergarten befindet sich in unmittelbarer Nachbarschaft des Leipzig-Gohliser Mehrfamilienhauses Fritz-Seeger-Straße 19, in welchem den Richters – nach Jahren in Teilhauptmiete – vom Wohnungsamt ihres Stadtbezirkes schließlich die ganze Wohnung zugewiesen wird. Auch die Grundschule ist in der Nähe.

Dass die Emanzipation der Frau in der Ehe nicht ohne Konflikte vonstattengeht, gestaltet Helmut Richter in seinem vielbeachteten und 1973 vom Fernsehen der DDR verfilmten Roman »Scheidungsprozeß«.

Das Wohnhaus in der Fritz-Seeger-Straße 19 in Leipzig-Gohlis

Leipzig-Gohlis, Fritz-Seeger-Straße 19, Hauszeichen am Seiteneingang

Der Wortführer, der Bauingenieur Bragulla, der im Roman als Erzähler fungiert, wendet sich an Wagner, seinen Kollegen, und erwidert das ihm entgegengebrachte Vertrauen, indem er diesem die eigene Ehesituation schildert:

Anna brachte das Fachschulstudium mit Glanz hinter sich und stürzte sich mit erwachtem Mut sofort in ein Hochschulstudium. Dann erließ der Staatsrat das Frauenkommuniqué, und sie wurde, sozusagen über Nacht, als Direktorin ihres Betriebes eingesetzt. Mit Gönnerhaftigkeit war dem nicht mehr zu begegnen, nicht wahr.

Du weißt vielleicht, daß jener Erlaß da und dort ziemlich formal gehandhabt wurde. Jedenfalls anfangs. Zuweilen wurden Frauen in leitende Positionen gehoben, ohne darauf vorbereitet zu sein. Waren sie dann nicht mit überdurchschnittlicher Energie begabt und fanden sie dann nicht ein hilfreiches Leitungskollektiv vor, dann konnte es durchaus passieren, daß sie scheiterten und dem Selbstvertrauen aller Frauen des betreffenden Betriebes einen schweren Schlag versetzten. Nun, Anna hatte die nötige Energie und geriet auch an ein williges Kollektiv. Ihr Betrieb machte sich bald einen guten Namen. Dann wurde ihr eine Aspirantur an der Hochschule angeboten, sie sollte promovieren und sich damit auf eine höhere Funktion vorbereiten. Zwischendurch wurde Katrin geboren. Was blieb mir anderes übrig, ich mußte die Baustellen aufgeben und in die Vorplanung gehen. »Die Beziehungen der Ehegatten zueinander sind so zu gestalten, daß die Frau ihre berufliche und gesellschaftliche Tätigkeit mit der Mutterschaft vereinbaren kann«, heißt es heute im Familiengesetzbuch. Gesetze sind oft nur Ausdruck bereits geübter Lebenspraxis. [...]

Früher, nicht wahr, als der Mann die Familie ernährte, da war seine Rolle zu Hause natürlich groß, er hatte eine Herrscherstellung inne, die keiner juristischen Extravorrechnung bedurfte. Und es war vollkommen gleichgültig, ob die Rolle, die er in der Gesellschaft spielte, klein oder groß war. – Nun aber müssen sich die Partner anders arrangieren. Die Familie hat sich geöffnet, sie schafft sich ihr Bewertungssystem nicht mehr nur selbst, die Bewertungen der beiden Partner durch die Gesellschaft werden integriert.

Bereits dieser Ausschnitt lässt die Frage leicht beantworten: Wie viel Richter steckt in Bragulla?

Dankbar erinnert sich Tina Richter als Erwachsene daran, dass sie von ihrem Vater viel Zuwendung bekam und sie nicht selten ihren Spielplatz unter dem Schreibtisch ihres Vater finden durfte und er ihr als Jugendliche erlaubte, Telefongespräche für ihn anzunehmen und Sekretärin zu spielen.

Seien es Kunstausstellungen, Lesungen und Konzerte oder Restaurantbesuche und Stadtspaziergänge. Diese Anlässe machen deutlich: Die Richters sind Familienmenschen. Vater, Mutter, Kind.

In der Dahlener Heide, im Dorf Zeuckritz, das heute zum Ort Cavertitz gehört, schaffen sich die Richters ab 1980 einen Sommer- und Wochenendsitz und werden Teil der Gemeinde. Die Landschaft am Fluss Dahle hat Ähnlichkeit mit der Gegend um Herzberg, wo Helmut Richter 1945 ein neues Zuhause fand.

Ähnlich wie bei dem Namensgeber des Leipziger Literaturinstituts Johannes R. Becher ist auch Helmut Richters Schreibzeit durch Brotarbeit und Ehrenamt begrenzt. Die gewählte Ruhe und Abgeschiedenheit inmitten der Natur, die die Familie in der Dahlener Heide findet, stärken Brigitte und Helmut Richter für die Anforderungen des Alltags. Als Autor erhält Helmut Richter in Nordsachsen immer wieder Impulse für seine literarische Arbeit. Unter anderem entsteht in Zeuckritz seine Erzählung »Das Auge der Schlange«, die 1988 einer Anthologie mit »unwirklichen Geschichten« den Titel gibt.

Familie Richter vor
dem Alten Rathaus in Leipzig

Die Bockmühle –
Symbol von Zeuckritz

Auf dem Grundstück in Zeuckritz:
Helmut Richter mit der Becher-Büste von Hans Kies

Im Zeuckritz vor 1990 gibt es mit dem Sattler- und dem Schlossermeister zwei selbstständige Handwerker und die Schafzucht der Dahlener LPG »Walter Ulbricht«, benannt nach dem einstigen Staatsratsvorsitzenden.

Nach 1990 wird die Dahlener Heide immer mehr touristisch erschlossen. Altershalber geben Brigitte und Helmut Richter das Anwesen und damit die doppelte Haushaltsführung 2012 auf. Jahre zuvor haben sie bereits innerhalb von Leipzig-Gohlis eine kleinere Wohnung bezogen.

Die Vorliebe für den halb dörflichen, halb großstädtischen und vor allem grünen Leipziger Stadtteil Gohlis teilt Helmut Richter mit seinem Lehrer Georg Maurer.

Maurer, der bis zu seinem Lebensende in der Menckestraße zu Hause ist, worauf bis heute eine Gedenktafel hinweist, setzt in seinem Gedicht »Ankunft« das Rosental in den Kosmos:

[…] Ich sitz im Weltall
auf einer Bank im Rosental, während die Sonne
im dünnen Wolkensaft schwimmt und an entlaubten
Zweigen zehrt.

Bereits Mitte der 1950er-Jahre hat, wie bereits erwähnt, Helmut Richter in Gohlis sein Glück gefunden. Bis hin zu seinem Tod ist er diesem Stadtquartier immer treu geblieben. Homogen ist Gohlis nicht. Der Stadtteil besteht aus Gohlis-Nord, -Mitte und -Süd. Die Bebauung ist ganz unterschiedlich. Es gibt Stadthäuser, Villengrundstücke und vor allem nahe dem Straßenverkehr vier- oder fünfstöckige Hauszeilen.

Zu Hause in Gohlis erlebt er Zuspruch und Würdigung, Liebe, Freundschaft und Bespitzelung. Im Mehrfamilienhaus in der Fritz-Seeger-Straße finden private wie auch die in einem Funktionärshaushalt nicht unüblichen offiziellen Feiern statt. Der Postbote bringt Zusagen und Absagen, Abrechnungen von Tantiemen und Honoraren,

Einweihung der Gedenktafel für Georg Maurer zum 100. Geburtstag 2007:
Helmut Richter, Dr. Georg Giradet, Eva Maurer, Peter Gosse

von der Staatssicherheit mitgelesene Briefe und Kartengrüße und die Kunde vom Kunstpreis der Stadt Leipzig im Jahr 1978.

Zum nahe gelegenen Leipziger Schillerhaus am Ende der Menckestraße, die den Namen des Gutsbesitzers Lüder Mencke trägt, besteht für den Schriftsteller Helmut Richter eine besondere Beziehung. Hier erlebt er, wie Menschen die Wertschätzung eines Dichters über Jahrhunderte am Leben erhalten. Die 1841 vom Leipziger Schillerverein eingerichtete Gedenkstätte, nunmehr geführt von der Kommune, gibt bis heute Zeugnis von Schillers Aufenthalt. Überdies zeigt das Museum in seiner Ausstellung auch ein Modell des Dorfes in der Beschaffenheit vom Ende des 18. Jahrhunderts. Hundert Jahre später, im Jahr 1890, wurde die Landgemeinde Gohlis nach Leipzig eingemeindet. Zuvor schon wurde der Ort per Pferdebahnlinie an das Nahverkehrsnetz der Stadt Leipzig angeschlossen. Das heutige Bild der Menckestraße prägt vor allem die Gründerzeitbebauung, die mit der Eingemeindung einherging.

Als im ausgehenden 18. Jahrhundert Friedrich Schiller nach seiner Zeit als Mannheimer Theaterdichter nach Leipzig reist, findet er in Christian Gottfried Körner einen Mäzen und erlebt 1785 im Ausflugsdorf Gohlis einen schöpferischen Sommer. Hier schreibt er die erste Fassung seines – in der Vertonung Ludwig van Beethovens – heute als Europa-Hymne berühmten Trinklieds »An die Freude«.

1985 beantragt Helmut Richter bei der zentralen Auslandsabteilung des Schriftstellerverbandes der DDR in Berlin eine Recherche-Reise nach Baden-Württemberg. Den Antrag begründet er in dem Schreiben vom 12. März mit der Absicht, ein Hörspiel über den jungen Schiller schreiben zu wollen. Der Arbeitstitel: »Schiller in Mannheim«. Über Dauer und Ergebnis der Reise gibt der Nachlass keine Auskunft. Helmut Richter erleichtert dem Schriftstellerverband die Befürwortung, indem er ihn über seine finanziellen Möglichkeiten anhand seiner Bezüge von Tantiemen in D-Mark in Kenntnis setzt.

[Es besteht] auch der Wunsch, die geographischen Bedingtheiten (Fluchtweg, Solitude, Hohenasperg, Mannheim) in Augenschein nehmen zu können, [der] mich zu diesem Antrag bewegte. Die Reisedauer soll etwa 10 Tage betragen. Reisezeit Ende Mai. Wegen der auseinanderliegenden Exkursionsziele möchte ich mit meinem eigenen PKW fahren. Die Kosten kann ich selbst bestreiten, da die Valuta-Stelle des Ministeriums für Kultur jetzt bei Dienst-Visen eigene Visa-Mittel freigibt.

Das geplante Hörspiel, das der Autor vor dem Hintergrund der Briefe Schillers an den Herzog Karl Eugen bzw. den Obristen der Karlsschule Christoph Dionysius von Seeger zu entwickeln gedenkt, ist vermutlich in der Absicht stecken geblieben. Offensichtlich bleibt es Idee und ist im Werkverzeichnis Helmut Richters nicht vermerkt.

SIE BELÜGEN SICH SELBST
ODER SIE BELÜGEN MICH

Die Erzählung »Bragullas Heimkehr« ist 1969 die erste Prosaarbeit, die von Helmut Richter veröffentlicht wird. Die Vorstufe zu Richters Roman »Scheidungsprozeß« erscheint im Almanach »Manuskripte«, den anlässlich des 20. Jahrestages der DDR-Gründung Joachim Ret, Achim Roscher und Heinz Sachs im Mitteldeutschen Verlag herausgegeben haben. Auftraggeber ist der Deutsche Schriftstellerverband. Die Sammlung vereint Manuskriptauszüge von 65 Autorinnen und Autoren der DDR. In dem von den Herausgebern gemeinsam verfassten Vorwort heißt es:

[Sich] *gegen den Tod entscheiden*, Trümmerdschungel zu roden und den *Schlüssel in die neue Zeit* zu suchen. Und zu finden: DDR. *Herkules Arbeiterklasse* steig auf. *Tage der Helden, erst unseren Enkeln bewußt*; Zeit der *Städtegründer, Agrostadt*-Bauern, *Vorausgeher, Schrittmacher* … Literatur schlägt ein neues Vokabelbuch auf: Parteilichkeit, Solidarität, Sozialismus. Poeten reimen *Volkseigentum* auf *Klasseninteresse, Perspektive* auf *Prognose, Zyklogramm* auf *Netzwerk*. Und siehe, es reimt sich. Woher sonst, *woher denn, woher auf andre Art so große Hoffnung*. […] Logik einer einfachen gesellschaftsphilosophischen Aufgabe. DDR: Summand einer in Aufrechnung befindlichen welthistorischen Addition. Wir. (Herv. i. O.)

Der – anhand der parteilichen Vorgabe – definierte Sozialistische Realismus ist Programm, auch wenn er das Parteideutsch vermeidet. Der Bezug zu Johannes R. Bechers Tagebucheintrag aus dem Jahr 1951 stellt sich dabei nicht von ungefähr her. Becher formuliert den Anspruch, dem klassischen Humanismus zu huldigen und bei der Selbstfindung den künstlerischen Ausdruck als Unruhefaktor zu begreifen. Eine Eigenschaft, die einer Diktatur, die auf Vereinheitlichung aus ist, zuwider sein muss. Obgleich der Dichter und Vielfach-Funktionär Becher diesen Zustand in praxi lebt. Seine Haltung »Auf andere Art so große Hoffnung« lässt an Cicero denken: Dum spiro spero (Solange ich atme, hoffe ich), wenngleich Becher hier aus Shakespeares »Der Sturm« zitiert und dies auch explizit seinem Tagebuch voranstellt:

> Auf diesem ohne Hoffnung, oh, was geht Euch / Für große Hoffnung auf! Hier ohne Hoffnung, ist / Auf andere Art so große Hoffnung.

Angesichts der von Becher – im Sinne Shakespeares – dialektisch gefassten Hoffnung vergrößert sich freilich die Fallhöhe für Helmut Richter, als seine Reportage über den Bau des Kohlekraftwerks Thierbach im Bezirk Leipzig »Schnee auf dem Schornstein« unmittelbar nach ihrem Erscheinen verboten wird. Auf Geheiß der Partei wird das Buch aus Handel und Bibliotheken zurückgezogen und die gesamte Auflage vernichtet. Die Schilderung des von Helmut Richter Beobachteten enthält wirtschaftliche Interna und verletzt die Wahrung der Vertraulichkeit, heißt es parteiintern. In den Unterlagen der Staatssicherheit wird der Vorgang mit einiger Verspätung und zum Teil auch etwas kryptisch wie folgt beschrieben:

> Nov. 1969 – inoffz. XX/7 v. 28.11.1969:
> R. erarbeitete eine Reportage über den Aufbau des Kraftwerks Thierbach, die vermutlich vom Mitteldeutschen Verlag in Buchform gedruckt wird. Nach Druckbeendigung erfolgte eine Über-

arbeitung, bei der festgestellt wurde, daß in der Reportage Zahlenmaterial über die Kapazität des Kraftwerkes veröffentlicht wird, was nicht erlaubt ist.

Auf Grund dieser Tatsache wurde die gesamte Auflage eingestampft.

Dieser Hinweis stammt auch von der BL [Bezirksleitung] der SED, Abt. Kultur (Leipzig).

Es ist nicht bekannt, in welcher Form bzw. durch welche Umstände R. in Besitz des Zahlenmaterials kam.

Der schmale Band »Schnee auf dem Schornstein« von 146 Seiten Umfang, der auch eine Reihe Fotografien enthält, ist das Resultat von zwei Jahren Recherche, Arbeit und Entbehrung. Keine Frage, auch damit wollte der Mitteldeutsche Verlag den Geburtstagstisch der Republik schmücken. Vorsorglich platziert der Autor im Buch geschickt die Losung der Thierbacher Kraftwerkserbauer aus dem Jahr 1968:

Rationeller produzieren, für dich,
für deinen Betrieb,
für unseren sozialistischen Friedensstaat –
Dem 20. Jahrestag der DDR entgegen! (S. 54)

Doch statt des positiven Auffallens fallen Verantwortliche des Verlages, des Kraftwerkbaus und nicht minder der Autor zunächst in Ungnade. Umso mehr verwundert es, dass in der zum 60-jährigen Bestehen veröffentlichten Verlagsgeschichte »Mitteldeutscher Verlag 1946–2006« dieser Eklat mit keiner Silbe Erwähnung findet. Und das, obwohl andere verhinderte bzw. behinderte Titel des Verlages wie »Rummelplatz« von Werner Bräunig, »Hinze und Kunze-Roman« von Volker Braun, »Tod am Meer« von Werner Heiduczek oder »Es geht seinen Gang« von Erich Loest vom einstigen Verlagsleiter Eberhard Günther thematisiert werden.

Vielleicht erreicht den damaligen Verlagsleiter zum Jahresanfang 1970 auch die Entlastung der Bezirksverwaltung für Staatssicherheit Leipzig, Abteilung XX. vom 7. Januar 1970, die an die Kreisdienststelle gerichtet ist:

Richter, Helmut ist für unsere DE in Op.-Vorgang »Autor« als Verbindung von Schriftstellern, die nach §§ 106 und 107 StGB bearbeitet werden, registriert.

Wir bitten Sie daher, die zur Person des R. vorhandenen operativen Hinweise an uns zu übersenden.

Zum Problem der Veröffentlichung geheimzuhaltender ökonomischer Daten erhalten Sie die Durchschriften einer IM-Information. Daraus folgt, daß das Verschulden kaum bei R. oder im Verlag liegt, sondern überprüft werden muß, wer R. die Daten zugänglich machte.

Inoffiziell wurde weiter bekannt, daß die Bezirksleitung der SED/Abt. Kultur eine Aussprache mit Richter betreffs der Zurückziehung seines Buches führt.

Leipzig der Abteilung XX

Meiler
Major

In Helmut Richters Reportage sind aufschlussreiche Passagen wie diese zu lesen:

Entweder sie belügen sich selbst oder sie belügen mich, sagte ich mir. Und es hatte nichts genutzt, dass ich mir zuredete, Industriebau sei kein Klippkastenspiel, Kraftwerksbau zumal […] Ich misstraute bald allen Zahlen, die sie mir nannten, und war trotzdem wie versessen darauf, immer neue Zahlen zu erfahren. (S. 25)

Ursprünglich war die Investsumme für das Kraftwerk auf etwa 478 Millionen Mark geschätzt worden. Dann kam die Industriepreisreform dazwischen, und man rechnete mit 630 Millionen. Danach begann jene Phase, die manche als eine Zeit des Gesundstoßens bezeichnen. Die Summe quoll auf wie ein warmgestellter Hefeteig. Sie verdoppelte sich, obwohl der Importanteil unverändert blieb!!! (S. 59)

[Er] sagte, wir seien kein Arbeiter- und Bauern-, sondern ein Bauern- und Arbeiterstaat, denn 27,4 Prozent aller Autobesitzer seien Fleischschwein-, Milch-, Eier- oder Feldfrüchteerzeuger; da sehe man ganz deutlich, wo die Milliarde Subventionen bleibe, die der Staat jährlich aufbringen müsse, um die Differenz zwischen den niedrigen Einzelhandelspreisen und den hohen Erzeugerpreisen auszugleichen. (S. 36)

[...] die Sicherstellung des Brauchwassers [war] für das Werk ein Riesenproblem. An jedem der vier Kühltürme werden einmal in jeder Stunde 400 Kubikmeter Wasser nur verdunsten! Stündlich werden also 1600 Tonnen Wasser zum Himmel steigen, und der Wind wird sie fortschieben. Wenn man eine Betriebszeit von 7000 Stunden pro Jahr zugrunde legt, kann man sagen, daß allein an den Kühltürmen in jedem Jahr 11,2 Millionen Kubikmeter Wasser verlorengehen – und das ist auf die Dezimale genau der Inhalt der Talsperre Kriebstein – einfach verdunsten ... (S. 31)

Der VEB Projektierung Wasserwirtschaft (PROWA) Halle beispielsweise hatte ein Projekt für die Rohwasserversorgung des künftigen Kraftwerks ausgearbeitet. Es war so »weltstandsmä-

ßig«, daß vom Rationalisierungsaktiv der Baustelle sofort eine
Arbeitsgruppe darauf angesetzt wurde. Im Abschlußprotokoll
dieser AG heißt es:»Trotz der Erhöhung der Kapazität der Roh-
wasserversorgungsanlagen und der Kürze der zur Verfügung stehenden Zeit wurden durch die Arbeitsgruppe folgende Einsparungen erbracht: Pumpwerk I, 2.862.000 Mark und Pumpwerk II,
1.158.000 Mark. Wenn von dieser Summe die zusätzlichen Projek-
tierungskosten von 180.000 Mark abgezogen werden, bleibt immer noch eine Einsparung von 3.840.000 Mark.« – Konnte man
dazu Einsparungen sagen? Wenn man davon ausging, daß die vier
Millionen nach dem alten Projekt verbaut worden wären, ja. Aber
wie sah die Geschichte aus, wenn man den Weltstand (die Pro-
jektanten sind verpflichtet, sich nach dem Weltstand zu richten)
als Maßstab anlegte? (S. 40)

Der Schriftsteller, von Beruf Maschinenschlosser, diplomierter Physiker mit der Erfahrung als Prüfingenieur und zudem Ehemann einer
Wirtschaftsexpertin, ist ein unbequemer Beobachter und gründli-
cher Rechercheur. Er hält es mit Bertolt Brecht und hat offenbar dessen Gedicht»Lob des Lernens« im Sinn:

Scheue dich nicht zu fragen, Genosse!
Laß dir nichts einreden
Sieh selber nach!
Was du nicht selber weißt
Weißt du nicht.
Prüfe die Rechnung
Du mußt sie bezahlen.
Lege den Finger auf jeden Posten […]

Und es sind nicht allein die Zahlen, die den Autor Richter interessie-
ren. Es ist das Leben auf Montage. Die Leistung des Einzelnen. Die

Helmut Richter vor dem Kraftwerk Thierbach, 1983

Helmut Richter bei einer Signierstunde mit seinem Buch
»Das Auge der Schlange«, 1988

Erfüllung von Plänen in Zeiten des Mangels. Die besondere Kollegialität, die ein Leben und Arbeiten auf engstem Raum erfordert. Und die mentale Belastung für die einzelnen Familien, die mit der Trennung auf Zeit einhergeht. In vielfältiger literarischer Form wird Helmut Richter nach 1969 immer wieder auf diesen Stoff zurückkommen.

In der genannten Zusammenstellung zu seinem 50. Geburtstag beschreibt der Autor Richter die sich oft gleichende Situation der industriellen Urbarmachung in knappen Worten. In der 1983 veröffentlichten Fassung der Erzählung »Über sieben Brücken mußt du gehn« heißt es:

Wald wird gerodet. Felder werden planiert. Zuerst ist die Arbeit in die Tiefe gerichtet, dann in die Höhe. Eines Tages weht Rauch aus dem Schornstein, eines Tages steigt Dampf aus den Kühltürmen, eines Tages fließt Strom … Und eines Tages sind die, die das alles vollbrachten, wieder verschwunden. Zuerst waren die Meßtrupps gekommen mit ihren rotweißen Meßlatten und Nivelliergeräten; dann die Erdarbeiter mit ihren Raupen, Baggern und Kippern; dann die Bauleute, dann die Monteure … Anfangs war's eine kleine Schar, zuletzt waren es so viele, daß sie ein Städtchen hätten bevölkern können […] Aber eines Tages hieß es dann: Sie sind gekommen, sie sind gegangen. Manche redeten in einer fremden Sprache. Der Staub, der dann immer noch zementgrau ist, verweht ihre Spuren […].

Einmal jedoch wechselt Helmut Richter die Perspektive und das etwa zu der Zeit, als die Urfassung von »Über sieben Brücken mußt du gehn« entstand. 1973 veröffentlicht der Rostocker Hinstorff Verlag die von Frank Beer herausgegebene Anthologie »Der Weltkutscher und andere Geschichten für Kinder und große Leute«. Sie enthält Helmut Richters Kurzgeschichte »Die Frau aus dem anderen Haus«. Auf wenigen Seiten bietet der Erzähler hier dem Leser die Möglichkeit einer anderen Sicht auf das Thema des Auseinanderlebens eines Paares, das sich durch unterschiedliche Arbeitswelten ergeben kann.

Das Neubaugebiet, in welchem sie wohnten, lag an der Peripherie der Stadt, aber mit dem Wagen war man in zehn Minuten im Zentrum. Das war auch der Grund, weswegen sie darauf bestanden hatte, daß der Wagen zu Hause bleibt, daß ihn der Mann nicht mitnahm auf seine Baustellen.

[…] Sie konnte lange nicht einschlafen. Sie lag mit offenen Augen und starrte zur Decke. Der Atem des Hundes, der auf dem Bett ihres Mannes schlief, tröstete sie ein wenig in dieser stillen Finsternis, die den Kummer, den sie hatte, zu verstärken schien.

Als sie geheiratet hatten, waren ihnen zunächst zwei Zimmer zugewiesen worden: Teilhauptmiete mit Küchenbenutzung […] Die Frau dachte jetzt daran, wie glücklich sie und ihr Mann gewesen waren, als sie die erste abgeschlossene Wohnung bekommen hatten. Die Wohnung war klein gewesen, nicht zu vergleichen mit dieser neuen hier, aber sie hatten das Gefühl gehabt, daß sie unerhört weitläufig wäre. Den ersten Tag waren sie nackt von einem Zimmer ins andere gelaufen und hatten es unendlich genossen, endlich allein zu sein. Jetzt, in ihrer Einsamkeit, wäre die Frau froh gewesen, wenn jemand die Wohnung mit ihr geteilt hätte.

Apropos Wohnung: Über dem Eingang des von den Richters jahrzehntelang bewohnten Mehrfamilienhauses Nr. 19 in der Gohliser Fritz-Seeger-Straße hat der Bauherr ein Hauszeichen angebracht. Es lautet: *Dennoch*. Und dieses *Dennoch* – kann als Signet für die Wesenheit Helmut Richters gelten, als sein Credo, zusammengefasst in einem Wort.

Im Jahr 1971 erlebt Helmut Richter in der Fritz-Seeger-Straße Abschied und Willkommen auf besondere Weise: Der Schriftstellerverband ermöglicht ihm eine mehrwöchige Studienreise nach Vietnam. Von 1954 bis 1976 bestehen Nord- und Südvietnam – als ein geteiltes Land wie die DDR. Helmut Richter bereist Nordvietnam ein Jahr vor dem Bombardement der US-amerikanischen Invasoren, das die Niederlage der USA nicht verhindern wird.

Helmut Richters Reportage für die Leipziger Volkszeitung erstreckt sich zeitnah nach seiner Rückkehr über mehrere Teile und mündet schließlich 1976 in den gemeinsam mit Rolf Floß veröffentlichten Band zweier unabhängiger Reisen, die unter dem Titel »Mein anderes Land« im Mitteldeutschen Verlag erscheinen.

Es werden 35 Jahre vergehen, ehe 2011 das Gedicht »Gespräch an der Fähre von Binh Ca«, in der Fassung von 1982, als buchkünstlerische Ausgabe, ausgestattet mit Linolschnitten der Künstlerin Henriette von Bodecker, als 15. Druck der Gutenberg-Presse erscheint. Helmut Richter stellt es bei einer Lesung anlässlich der Leipziger Buchmesse 2012 in der Gerhard-Kurt-Müller-Stiftung vor. Das Gedicht entstand unter dem Eindruck der Vietnam-Reise: »als der Frieden noch lange nicht in Sicht war.«

DIE GENIEWELLE SCHWAPPT ÜBER DIE UFER DER PLEISSE

Den Kunstpreis der Stadt Leipzig empfängt Helmut Richter 1978 gemeinsam mit dem Gewandhauskapellmeister Kurt Masur, dem Künstler Ulrich Hachulla, der Künstlerin Irmgard Horlbeck-Kappler, dem Rundfunk-Kinderchor Leipzig und den Kunstwissenschaftlern Günter Meißner und Eberhardt Klemm. Ihm, dem Schriftsteller, wird die Aufgabe zuteil, die Dankesworte zu sprechen. Und er nutzt sie, um den Honoratioren der Stadt Leipzig ins Gewissen zu reden. Das entspricht seinem Naturell und als langjähriger Stadtverordneter des Kulturbundes Leipzig kennt er die Gegebenheiten und weiß, die akuten Probleme anzumahnen. So den schlechten, um nicht zu sagen ruinösen baulichen Zustand der Leipziger Stadt- und Bezirksbibliothek, den fehlenden Wohn- und Atelierraum für Künstlerinnen und Künstler. Und natürlich kommt er nicht allein auf das »SOLL« zu sprechen, er betont auch das »HABEN« und bezieht sich auf die beispielhafte Ausstrahlung der in Leipzig geschaffenen bildenden Kunst:

Als der Umschwung auf dem Gebiete der Bildenden Kunst einsetzte bzw. deutlich sichtbar geworden war, schrieb Lothar Lang, unverdächtiger Berliner, in der WELTBÜHNE, daß die Geniewelle nicht zufällig über die Ufer der Pleiße geschwappt sei: daß sie hingegen auch erzeugt worden wäre durch Auftragspolitik, durch Einrichtung von Galerien und durch die Intensität auch der örtlichen Presse.

Und Helmut Richter hält daran fest und weist in seinem Essay »Ich-Gewinn, Welt-Gewinn« in der Leipziger Volkszeitung vom 17. Januar 2004 gut 25 Jahre später die Stadtoberen erneut auf ein Manko hin, indem er Leipzigs Bedeutung und aktuelle Versäumnisse, Stand Januar 2004, anspricht. Denn noch ist die Pleiße nur meterweise ans Licht geholt, um ihr ein genie-bezogenes »Überschwappen« überhaupt zu ermöglichen. Nachzulesen ist Richters Aufsatz in der Anthologie »Nachdenken über Leipzig. Hundert Essays«, die vom Chefreporter der LVZ Thomas Mayer betreut wird und 2009 im Verlag Leipziger Medien Service erscheint.

Es sei nicht vergessen, dass es Leipzigs heutiger Ehrenbürger, der gebürtige Königsberger, einstige Hannoveraner Oberstadtdirektor und beliebte Leipziger Oberbürgermeister Hinrich Lehmann-Grube ist, der, um zu kandidieren, die DDR-Bürgerschaft annimmt und unter dessen Führung 1990 (als eine der ersten Amtshandlungen) der Kunstpreis der Stadt Leipzig abgeschafft wird.

Im genannten Essay »Ich-Gewinn, Welt-Gewinn«, in dem sich Helmut Richter exemplarisch auf seinen Lehrer Georg Maurer bezieht, verdeutlicht er die Misere, die die Missachtung der Vertreter der sogenannten (alten) »Leipziger Schule« betrifft. Eine Missachtung, die zahlreiche Leipziger Künstlerinnen und Künstler, vornehmlich der älteren Generation, von Personalausstellungen ausschließt. Wobei nicht wenige der Leipziger Künstler, von denen eine große Zahl mit einem langen Schaffensleben gesegnet ist, dem städtischen Museum der bildenden Kunst immer wieder eine Vorlage bieten, das Versäumte nachzuholen.

Leipzig hat dem prunksüchtigen Starken August nie das gewünschte Schloss gebaut, aber die Stadt war in ihren Glanzzeiten berühmter als das Königreich, in dem sie lag. Dieser undumpfe Lokalpatriotismus mutierte zu einem Bürgersinn, aus dem sich wiederum eine Stifterkultur entwickelte, wie man sie andernorts kaum vorfindet. So war (um durch die Jahrhunderte zu hasten) die Bibliothek des Dietrich von Bucksdorff der Grundstock der heutigen Stadtbibliothek, und Leipzigs Bilderschatz ist ebenfalls hauptsächlich die Summe privater Sammlungen, deren Kumulatoren ihren Erben schlichtweg sagten, dass sie sie von kleinauf das Sehen gelehrt hätten, so dass sie die Bilder nun auch in öffentlichen Räumen bewundern könnten. […] zur Wendezeit [ist] nicht schnell genug eine eigene bodenständige Bourgeoisie entstand[en, das heißt] dass dieser Mangel nur durch ein höchstes Verantwortungsbewusstsein der Stadt (und des Staates als treuhänderischer Verursacher jenes Zustands) überbrückt werden kann. […]

Seit Monaten versuche ich, öffentlich darauf hinzuweisen, dass ein für die Stadt ganz wichtiges Gemälde […] auf Reisen gegangen ist. Gemeint ist Gerhard Kurt Müllers »Kristallnacht« […] Längst hätte dem Bild ein exponierter Platz im neuen Museum reserviert werden müssen, denn das Ereignis, das ihm den Namen gab, dieses blindwütige Pogrom vom November 1938, hat sich in unmittelbarer Nähe, auf dem Brühl und in der Petersstraße, in der Grimmaischen und in der Gottschedstraße besonders abstoßend produziert: »Kristallnacht« ist ein großartiges Bekenntnisbild, das vielen Betrachtern zu tiefgreifenden Selbsterkenntnissen verhelfen kann.

Und das Museum einer Stadt stellt ja nicht nur Reichtum aus, sondern auch Gesinnung. Das Bild muss also ebenso zurückgeholt werden, wie die Papiere Tübkes auch. Auf keinen Fall kann die Stadt den Makel auf sich sitzen lassen, ignorant zu sein und den Nachlass eines bedeutenden Künstlers nicht bewahren und zugänglich machen zu können.

Seine [Werner Tübkes] Bilder hängen in den Museen der Welt, sein berühmtes Bauernkriegspanorama wird von Kennern ge-

Gerhard Kurt Müller, »Kristallnacht«, 1986, Öl auf Hartfaser

Helmut Richter und Günter Grass in der Wohnung des Reclam-Verlegers
Hans Marquardt

rühmt und vom Publikum anhaltend bewundert. Der große Künstler lebt und arbeitet seit einem halben Jahrhundert in Leipzig. Er war Student, Dozent und Rektor an der Hochschule für Grafik und Buchkunst und ist einer der vier »Urheber« der Leipziger Schule. Die anderen drei großen sind Bernhard Heisig, Wolfgang Mattheuer und Gerhard Kurt Müller, und mit ihnen und ihren Schülern – hier seien nur Zettl, Zander, Hirsch, Münzner, Sakulowski, Stelzmann, Rink und Ebersbach genannt – verfügt Leipzig über eine Begabungsdichte, die in Deutschland ihresgleichen sucht. […]

Jene »fünf laufende Meter Papier – von der Geburtsurkunde bis zur Gegenwart« reisten nun aus Tübkes Wohnung nicht ins Leipziger Museum, sie reisten ins Germanische Nationalmuseum in Nürnberg. Und während man sich entsetzt fragte, wie das geschehen konnte und vorschnell dem schnöden Mammon die Schuld geben wollte, [erfahren wir,] dass die Nürnberger »das Material ohne finanzielle Gegenleistung« erhalten hätten. Lediglich mit der Auflage, »es pfleglich zu behandeln und zugänglich zu machen«. Was für eine Ohrfeige für Leipzig!

In seiner profunden Einführung in die Monografie »Bildwelten – Weltbilder«, die 2006 anlässlich des 80. Geburtstages Gerhard Kurt Müllers vom Leipziger Verlag Faber & Faber editiert wird, betont Helmut Richter seine langjährige Verbindung zu diesem Künstler:

Annäherung also, und ich möchte mir diese Behutsamkeit jetzt ebenfalls zu eigen machen. Behutsamkeit ist ja nicht nur die Tochter der Liebe, sondern auch die des Respekts. Es ist um diesen großen Künstler recht still geworden in letzter Zeit – trotz bestaunenswert anhaltender Produktivität – aber ich kenne Gerhard Kurt Müller schon lange. Die Leipziger »Szene« ist vor der

Wende immer offen und interdisziplinär gewesen. Es gab vier Kunsthochschulen, die mehr als die Hälfte des künstlerischen Nachwuchses der DDR ausbildeten, und sowohl die Lehrenden als auch die Lernenden der verschiedenen Sparten haben sich zu manchem gemeinsamen Projekt verabredet.

Und zudem fungierte die alte Messestadt ja vier Jahrzehnte lang als Drehscheibe zweier Weltsysteme. Hier wurden nicht nur Waren ausgetauscht, sondern auch Meinungen.

Und Helmut Richter blickt auf Gerhard Kurt Müllers Anfänge zurück und spürt auch dessen Ansehen nach:

Damals, 1953, stand die III. Deutsche Kunstausstellung in Dresden bevor, und nach Massloffs [Kurt Massloff, Rektor der Hochschule für Grafik und Buchkunst in Leipzig] Vorstellung sollte sie für Leipzig zum totalen Durchbruch werden. [...] Wer nun aber 1953 auf die Idee gekommen ist, daß zum Repräsentanten der Arbeiterklasse besonders gut ein [Bildnis eines] Offizier[s] der eben erst gegründeten Kasernierten Volkspolizei taugen würde, das ist offenbar nicht überliefert. Vergessen? Verdrängt? Sagen wir: Der Zeitgeist war es.

Gerhard Kurt Müllers Porträt wurde schließlich eines der Skandalbilder jener Ausstellung. [...] Der Raum, in dem die Leipziger Bilder gesondert hingen – sie sollten ja richtungsweisend sein –, wurde als *Schreckenskammer* ironisiert, und Lea Grundig – Professorin an der Dresdener Akademie, ausgestattet mit der ganzen Unantastbarkeit ihrer Biographie: ihrer jüdischen Herkunft und ihren antifaschistischen Meriten – verstieg sie sich sogar zu dem Urteil, daß da offenbar die Nachfolge von »Nazikunst« angetreten worden sei. [...] Nazikunst? Massloffs Stern sank rasch, er ließ sich später aus gesundheitlichen Gründen pensionieren. Und Müller? […] Er ging auf den Spitzboden nur, um das unselige Bild [des Polizeioffiziers] zu vernichten.

[…] Er hat in dem folgenden Dezennium die Leipziger Holzstecher-Schule neu begründet – was für eine Leistung –, aber die [eigene] Malerei geriet logischerweise völlig ins Hintertreffen. […] Immer perfektere Stiche gelangen. Mehrere der von ihm so kunstvoll ausgestatteten Bücher sind als Schönste Bücher der DDR ausgezeichnet worden. […]

1979 erhielt Gerhard Kurt Müller überraschend den Nationalpreis der DDR, und der war – dies sei mit allem Nachdruck gesagt – keineswegs unbegehrt. Preise sind für Künstler immer wichtig, denn vor allem öffnen sie Türen, Türen zu Erfahrungen.

Als am 1. Oktober 2024, gut 20 Jahre nach der Veröffentlichung des Aufsatzes »Ich-Gewinn, Welt-Gewinn«, in der »Alten Nikolaischule« das Jubiläum »20 Jahre Gerhard-Kurt-Müller-Stiftung« begangen wird, gehört das Gemälde »Kristallnacht« wieder zum Stiftungsbestand. Weniger positiv gesagt: Es hat noch immer nicht seinen Platz im städtischen Museum der bildenden Kunst gefunden.

Acht Jahre zuvor, in einem Beitrag zum 90. Geburtstag Gerhard Kurt Müllers, ist es der Journalist Rolf Richter, der in der Leipziger Volkszeitung vom 30. September 2016 auf verschiedene Orte verweist, die den bildenden Künstler ehren: Er nennt Altenburg mit seinem berühmten Lindenau-Museum oder Göpfersdorf mit seiner Galerie oder das Erfurter Angermuseum. Jedoch Müllers Lern-, Lehr- und Lebensort Leipzig, dessen Museum der bildenden Künste seit seiner Errichtung von noch keinem Direktor mit hiesigem Hintergrund geleitet wird, nimmt diesen Künstler, wie es Helmut Richter bereits 2004 anmahnte, nicht gebührend wahr.

Gern wird die »Leipziger Schule« gerühmt. Und das gewiss auch von Leipzigs Stadtkämmerern. Anhand des Umsatzes, den hiesige Galerien mit Protagonisten der »Neuen Leipziger Schule« erzielen, fließen der Stadt in nicht unerheblichem Maße Beträge aus der Gewerbebesteuerung zu. Wenngleich ein Kunstmarkt, wie ihn die Zentren in Köln und Düsseldorf, München, Hamburg oder Frankfurt am Main kennen, im Osten Deutschlands nicht besteht. Eine Ausnahme bildet der Standort Berlin; er expandiert seit etwa 20 Jahren, wie es die Galeriestudie 2020 des Instituts für Strategieentwicklung (ISFE) belegt.

Die alte »Leipziger Schule« ist allerdings im Museum zumeist Depotkunst. Zu sehen sind die »alten Leipziger Meister«, seit der verdienstvolle Kunstverein in Panitzsch nicht mehr zu »Wallfahrten« vor die Tore Leipzigs einlädt, meist nur noch in der Leipziger Galerie Koenitz am Dittrichring.

Dass sich Helmut Richter bereits seit Langem für ein Miteinander der Künste einsetzt, geht auf eine Initiative zum Jahreswechsel 1961/62 zurück. Doch wird diese erst viele Jahre später Erfolg haben. Noch vor Ende des 1. Semesters schreibt er Silvester 1961 an den ehemaligen Direktor des Literaturinstituts einen Brief im Namen des Klubrates RING JUNGER KÜNSTLER Alfred Kurella. Der 65-Jährige ist inzwischen Leiter der Kommission für Fragen der Kultur beim Zentralkomitee der SED.

Sehr geehrter Genosse Kurella!

Vom Klubrat des RINGS JUNGER KÜNSTLER habe ich den Auftrag, Sie um eine Aussprache zu bitten. Wir möchten uns noch im ersten Monat des neuen Jahres entweder in Berlin oder in Leipzig, falls Sie in diesem Zeitraum hier zu tun hätten, mit Ihnen treffen. Seit etwa acht Monaten bemühen wir uns um die »offizielle« Gründung des Klubs und wir möchten uns nun mit einem erfahrenen

Genossen, der die Leipziger Verhältnisse kennt und dem wir vertrauen, über die verschiedenen Probleme, die die Gründung bisher verhinderten, unterhalten. Bei den Vertretern der örtlichen Organe begegneten wir lediglich einer unüberwindlichen Skepsis und daraus resultierend, mangelnder Entschlußkraft. Insbesondere die FDJ-Stadtleitung scheint nicht zu begreifen, daß wir lediglich die ihnen zustehende Arbeit tun wollen. Natürlich nicht aus persönlicher Sympathie, sondern nur, weil wir die Notwendigkeit einer guten Jugendarbeit einsehen.

Wenn Sie bereits von den jüngsten Vorfällen in diesem Zusammenhang gehört haben sollten, so bitten wir Sie erst recht, auch unsere Meinung anzuhören.

Ich werde etwa am 8.1.1962 bei Ihnen im Büro anrufen. Bitte hinterlassen Sie eine Nachricht.

Zum Jahreswechsel möchte ich Ihnen noch alles Gute wünschen!

Herzliche Grüße!
H. Richter

PS: Der Ring hat im letzten Vierteljahr verschiedene Zusammenkünfte mit gutem Erfolg durchgeführt.
Ich bin Student am Inst. für Lit. »J. R. Becher«. Nicht zuletzt aus diesem Grunde, habe ich mich an Sie gewendet.
H. R.

Ob Alfred Kurellas 1961 im Aufbau Verlag Berlin erschienene Schrift »Der Mensch als Schöpfer seiner selbst« den Ausschlag gibt, dass sich der Literaturstudent Helmut Richter hoffnungsvoll an ihn wendet oder eher Kurellas frühere Erfahrung in der Jugendarbeit, ist nicht überliefert. Ebenso wenig ist bekannt, ob Kurella geantwortet und das Projekt unterstützt hat.

Rückblickend muss festgestellt werden, dass der RING JUNGER KÜNSTLER im Leipzig der 1960er unter keinem guten Stern steht.

1961 werden sieben Mitglieder des Leipziger Studentenkabaretts »Rat der Spötter« vom Ministerium für Staatssicherheit der DDR wegen staatsgefährdender Hetze und Verleumdung festgenommen. Unter anderem wird ihnen Folgendes vorgeworfen:

Die Festgenommenen haben seit Frühjahr 1960 die Kabarettproben und private Zusammenkünfte zu staatsfeindlichen Diskussionen ausgenutzt und diese auch in die Seminare der einzelnen Fakultäten und Hochschulen getragen, wobei besonders [Journalistikstudent Peter] Seidel führende Persönlichkeiten der DDR verleumdete. Ihre Hauptmethode bestand in der Entfachung von »Fehlerdiskussionen«, mit denen sie nachzuweisen versuchten, daß die Politik von Partei und Regierung falsch sei. […] Auf dieser feindlichen Grundlage wurde ständig gegen die führende Rolle der Partei, gegen die sozialistische Umgestaltung der Landwirtschaft, gegen das Bündnis der Arbeiterklasse mit der Intelligenz, gegen die Kultur- und Hochschulpolitik, gegen die Tätigkeit demokratischer Massenorganisationen und gegen Genossen Walter Ulbricht gehetzt.

[…] Bezeichnend ist ferner, dass bei allen Beschuldigten westliche Hetzschriften und Pressematerialien sichergestellt wurden. Das von den Festgenommenen geplante Programm wurde von einer Abnahmekommission verworfen und gelangte nicht öffentlich zur Aufführung.

»Der ›Ring‹ sollte etwas sein, jenseits von FDJ und FDGB«, erklärt Helmut Richter rückblickend in seinem Beitrag anlässlich des 20-jährigen Bestehens der »Leipziger Blätter« 2002. Doch angesichts der Realität dieser Zeit, in der bereits ein nicht einmal aufgeführtes Kabarett-Programm zum staatsfeindlichen Akt erklärt wird, ist es schwerlich vorstellbar, dass ein RING JUNGER KÜNSTLER ein selbstbestimmtes Programm hätte entwickeln dürfen.

Es braucht lange, ehe sich das politische Klima in der Stadt ändern wird. Speziell auf das Literaturinstitut »Johannes R. Becher« bezogen, bleibt der Protest gegen die Zerschlagung des Prager Frühlings durch die Warschauer Pakt-Staaten für eine ganze Reihe von Literaturstudenten nicht ohne negative Folgen.

Bereits am 30. Mai 1968 wird sieben Tage nach dem Stadtverordnetenbeschluss die Sprengung der Leipziger Universitätskirche vollzogen. Und eine illegale, wenige Wochen später initiierte Lyriklesung im Südraum Leipzigs beschäftigt die Staatssicherheit. Der als Bootsfahrergehilfe im Städtischen Bäderamt angestellte, exmatrikulierte Literaturstudent Siegmar Faust schippert mit seinem städtischen Ausflugsdampfer etwa dreißig Fahrgäste über den Elsterstausee. Unter ihnen Dietrich Gnüchtel, Wolfgang Hilbig, Bernd-Lutz Lange, Andreas Reimann. Es werden Gedichte gelesen, und Faust zitiert aus dem Programm der Kommunistischen Partei der Tschechoslowakei.

In einer Replik auf den Verband der Schriftsteller im Bezirk Leipzig zitiert Joachim Walther im genannten Sachbuch »Sicherheitsbereich Literatur« die Einschätzung des Ministeriums für Staatssicherheit der DDR im Jahr 1968:

In Leipzig wurde die konterrevolutionäre Entwicklung in der ČSSR besonders von den Schriftstellern Erich Loest, Hasso Grabner, Helmut Richter und [Franz] Fabian in privaten Zusammenkünften lebhaft begrüßt und ihre Übertragung auf die DDR gewünscht bzw. gefordert. [...]

Zielgerichtete Handlungen zur Durchsetzung einer konterrevolutionären Entwicklung in der DDR, ähnlich der ČSSR, unternahmen die Lyriker Siegmar Faust und Andreas Reimann. [...] Diese

Bestrebungen wurden vorerst durch die Inhaftierung Reimanns [...] und durch Ausweisung von Faust aus Leipzig unterbunden.

Acht Jahre später setzt die Politik der SED eine weitere Zäsur. Sichtbar ist nach der Ausbürgerung Wolf Biermanns der Ende 1976 begonnene Aderlass an künstlerischer Kreativität, der sich im Weggang vieler Schauspielerinnen und Schauspieler, Autorinnen und Autoren, Künstlerinnen und Künstler zeigt. Die Anzahl derer, die die von Reglementierung geprägte DDR gen Westen verlassen, weist deutlich auf eine dreistellige Zahl.

Helmut Richter allerdings hält sich offiziell zurück und gehört nicht zu den Unterzeichnern der Petition gegen die Ausbürgerung Biermanns und zählt darüber hinaus auch nicht zu den Verfassern eines an Erich Honecker gerichteten Protestbriefes wie ihn seine Kollegen Peter Gosse, Gerti und Reiner Tetzner, Manfred Jendryschik und Gunter Preuß verfassen – und deren Protest erstaunlicherweise für sie ohne sichtbare negative Konsequenzen bleibt.

Vielleicht ist es deshalb möglich, dass in Leipzig 14 Jahre später Worte, Bilder, Meinungen verbunden werden. Das Bestreben, die Talente der vier Kunsthochschulen der Messestadt zusammenzuführen, motiviert Helmut Richter auch etliche Jahre später immer noch. Durch seine vielfältigen Kontakte als Autor, Journalist, SED-Genosse, Leipziger Stadtverordneter und nicht zuletzt als Dozent am Literaturinstitut ist er es, der Literaturinstitut, Theaterhochschule, Musikhochschule und Hochschule der bildenden Künste 1981 zusammenbringt.

In seiner Funktion als Vorsitzender des Schriftstellerverbandes im Bezirk Leipzig holt er Vertreter der Stadtverwaltung, der Kunsthochschulen, der Künstlerverbände, der Museen und auch des VEB Interdruck an einen Tisch und legt ihnen seine Konzeption zur Gründung einer Kulturzeitschrift dar. Ihr Name: »Leipziger Blätter«. Ihr Format: 24 × 30 cm. Ihr Erscheinungszyklus: zwei Mal im Jahr, jeweils zu den Leipziger Messen im Frühjahr und Herbst. Ihr Charakter: les-

Die 1982 von Helmut Richter begründeten »Leipziger Blätter«
entwickelten sich schnell zum Sammelobjekt

bar geschriebene, illustrierte und möglichst auch grafisch gestaltete
Beiträge zur Stadtgeschichte und Stadtkultur, zu Leipzigs Verlagen,
Kunstsammlungen und Kunsthochschulen, zu Musik und Theater
und ihren Häusern, zu Literatur, bildender Kunst, Denkmalpflege

und Architektur, ebenso Porträts von Persönlichkeiten mit einem Bezug zur Stadt. All das mit der Diktion eines populärwissenschaftlichen Blicks auf Gegenwart und Vergangenheit, ihr Erscheinungsbild: Hochglanzpapier und Farbdruck.

Allerdings sind es nunmehr eher die Absolventen und nicht selten auch die Dozenten und Professoren der Leipziger Kunsthochschulen, die sich mit Kurzessays und Betrachtungen in die »Leipziger Blätter« einbringen. Doch fest steht bis heute, von der ersten Ausgabe an wurde ein Sammelobjekt geboren. In der erwähnten Jubiläumsausgabe zum 20-jährigen Bestehen äußert sich Helmut Richter, als Gründer und späterer Cheflektor, ausführlich zum Entstehen der »Leipziger Blätter«:

Aus den Kunststudenten von damals waren inzwischen Künstler geworden – der Grafiker Rolf Kuhrt, der Regisseur Peter Foerster, der Komponist Peter Herrmann und der Schriftsteller Helmut Richter – standen nun ihren Berufsverbänden vor, aber die interdisziplinäre Bündelung kreativer Strebungen schien immer noch bitter nötig zu sein.

[…] Freilich waren auch noch andere Barrieren zu fürchten, als die des Geldes und des Papiers [von acht Tonnen Kunstdruckpapier ist an anderer Stelle die Rede]. Heimatzeitungen waren in der DDR schon in den fünfziger Jahren eingeschläfert worden. Im Bezirk Leipzig gab es nur noch den Wurzener Rundblick. Heimat war ein höchst umstrittener Begriff, nachdem er von den Nazis so schrecklich mißbraucht worden war. Aber inzwischen empfanden viele, daß er weder durch eine »sozialistische Menschengemeinschaft« noch durch ein »sozialistisches Vaterland« zu ersetzen war. [...] Überall war der Mangel an publizierter Alltagsgeschichte spürbar, aber in den kleineren Städten war durch mündliche Überlieferung der kommunale Gesamtzusammenhang noch nicht ganz verlorengegangen. Mit großstädtischem Neid registrierte ich dort den segenstiftenden Bürgersinn, der aus solcher Überschau noch erwuchs.

[…] Als die BLÄTTER dann endlich vorlagen, zwei Jahre nach der Konzeption, erregten sie natürlich auch in den anderen Bezirken der DDR Aufsehen und lösten nachahmende Bemühungen aus. Aber nur in Karl-Marx-Stadt hat es dann mit dem »Almanach« etwas Ähnliches gegeben. […] nach endlos langen Diskussionen mit der Bezirksleitung [der SED], dem Rat des Bezirkes, dem Rat der Stadt und dem Leiter des Seemann Verlags, Dr. Gerhard Keil, der sich glücklicherweise für das Projekt ebenfalls interessierte, war festgelegt worden, daß die Abteilung Kultur nicht nur die nötigen Mittel bereitstellen, sondern auch als Herausgeber fungieren sollte. Ich war zunächst schockiert. In der Konzeption hatte ich etwas anderes vorgeschlagen: »Die Bindung an einen Verlag […] wäre natürlich allein schon aus technischen Gründen zweckmäßig, jedoch müßte eine gewisse Eigenständigkeit der Herausgeber (des Redaktionskollegiums) gewahrt bleiben.« Diese »gewisse« Eigenständigkeit war ja das Alpha und Omega der Unternehmung.

[…] noch vor dem eigentlichen Start […] fühlte [man] deutlich, daß man auf dem Präsentierteller der Kulturszene lag und wußte, daß die Tranchiermesser schon gewetzt wurden. Also versuchte ich noch einmal Zuversicht zu verbreiten. Ich redete schwungvoll von Hochglanzbildern und Tiefgangtexten und von den Vorbildern Merian und Geo. Ich wies auf die weitreichenden Qualitäten der frühen Gartenlaube hin, die ja auch in Leipzig gegründet worden war, und selbst den Brief Schillers an Körner habe ich zitiert, in dem es zur Gründung der Horen hieß: »Unser Journal soll ein epochemachendes Werk sein und Alles, was Geschmack haben will, muß uns kaufen und lesen.«

Redaktionssitz der »Leipziger Blätter«

[…] In der Konzeption hatte ich festgehalten: »Generell muß als oberstes Prinzip unambitionierte Lesbarkeit vorherrschen. Die Beiträge sollen nicht für die Eitelkeit der Autoren sein, sondern anregende, anziehende Kabinettstücke. So daß man sie auch gerne aufhebt (im doppelten Sinne des Wortes). Storys sind besser als Sturies.«

Erst 1984 verfügt die Redaktion über Arbeitsräume und zieht nach dem Umzug der Universitätsbuchhandlung vom Wilhelm-Leuschner-Platz ins Stadtzentrum in deren Ladengeschäft. Helmut Richter begleitet die Zeitschrift bis zur Nr. 14 im Jahr 1989 als Cheflektor und bleibt danach weitere Jahre Mitglied im Redaktionsbeirat. Den Fortbestand sichert seit 1991 die Kulturstiftung Leipzig als Herausgeberin. Vor allem aber ist es die Qualität in Wort und Bild der »Leipziger Blätter«, die die Nachfrage aufrechterhält.

ES GEHT JA WIRKLICH NICHT NUR UM
EINE GANZ PRIVATE GESCHICHTE

Für den Szenaristen Helmut Richter ist das Jahr 1978 positiv besetzt und mit einem Höhepunkt verbunden, der ihm zusätzlich zu der genannten Ehrung zu mehr Bekanntheit und Geltung verhilft. Relativ zügig, d. h. rund anderthalb Jahre nach Vertragsabschluss mit dem Fernsehen der DDR und der vorangegangenen Umformung des Stoffes von der Geschichte zum Hörspiel und vom Hörspiel zum Filmszenarium, strahlt das Fernsehen der DDR am letzten April-Sonntag des Jahres 1978 den Fernsehfilm »Über sieben Brücken musst du gehn« aus. Erzählt wird unter der Regie von Hans Werner die Liebesgeschichte zweier junger Menschen ganz unterschiedlicher Herkunft. Der Facharbeiter Jerzy aus der Volksrepublik Polen, dem Bruderland, und die flirtlustige Laborantin Gitta verlieben sich. Doch Helmut Richter hat keine profane Liebesgeschichte geschrieben. Sein Szenarium führt zu einem Konflikt, der in unserer Geschichte immanent ist und die Verbrechen der Deutschen im Zweiten Weltkrieg, der mit dem Überfall auf Polen begonnen hat, in den Kontext setzt.

Mit eigenen Worten hat Helmut Richter im Rückblick den Inhalt des Films für den 2009 im Rhein-Mosel-Verlag Bullay erschienenen Sammelband »Der Mauerfall. 20 Jahre danach« so beschrieben:

Handlungsort ist ein Industriedorf im sächsischen Braunkohlerevier. Das damals volkseigene Kombinat war ehedem ein nationalsozialistischer Musterbetrieb gewesen, und Gittas Vater hatte in dem Barackenlager, in dem polnische Zwangsarbeiter untergebracht waren, in der Verwaltung gearbeitet. Er hatte sich dabei

115

persönlich nichts zuschulden kommen lassen, wurde nach dem Krieg auch nicht verfolgt, aber nun ereignete sich auf der Förderbücke, dem Herzstück des Tagebaus, eine unerklärliche Havarie, und die Vergangenheit wird wieder aufgewärmt und produziert einen vagen Verdacht. Der Vater wird verhaftet, und nach der Untersuchungshaft hat er Angst vor Wiederholungen und flieht in den Westen. […] Gitta wächst auf mit [der] zunehmenden Verbitterung [der Mutter] und mit der Sehnsucht nach dem Vater und den typischen Redereien eines Dorfes. Eine Zeit lang hat sie sogar Angst, in die Schule zu gehen. »Kinder sind unbarmherzig«, heißt es in der Erzählung, »Kinder hören vieles von ihren Eltern, das sie lieber nicht hören sollten.« Gitta wird groß in jener Zerrissenheit, unter der wohl jedes Kind leidet, das einen Elternteil einbüßt, und besonders dann, wenn die Gründe nicht privater oder biologischer, sondern gar politischer, für Kinderherzen also ganz und gar unbegreiflicher Natur sind.

Und nun sollte bei diesem Industriedorf ein Großkraftwerk errichtet werden, und polnische Spezialisten sollten die Kühltürme bauen. Jerzy stammt aus Gliwice, dem ehemaligen Gleiwitz, ein Topos für den Ausbruch des 2. Weltkrieges. Jerzy hat sich für diesen Auslandseinsatz vor allem deshalb beworben, weil der Name des deutschen Industriedorfes in seiner Geburtsurkunde steht. Er ist in einer jener immer noch nicht abgerissenen Baracken zur Welt gekommen, und sein Vater ist während der letzten Kriegstage eben da auf rätselhafte Weise verschollen.

Jerzy und Gitta lernen einander kennen und lieben. Und als die zunächst glückliche Liebesbeziehung an der Vergangenheit gescheitert ist und Gitta nach einer Risikoentbindung erschöpft im Krankenhaus liegt, gehen ihr Gedanken durch den Kopf, die schließlich in einem Vers auskristallisiert werden: Wenn sie nicht an Jerzy oder an das Kind dachte, ging ihr jetzt andauernd eine Liedzeile durch den Kopf. Das heißt, sie wusste nicht einmal, ob es eine Liedzeile war.

Jedenfalls kamen ihr die Worte immer wieder in den Sinn, weil sie ihre eigene Empfindung gut genug ausdrückten, all ihren Kummer und all ihre Hoffnung und all ihre Zuversicht auch:»Über sieben Brücken musst du gehn.« Die Erzählung wurde 1975 veröffentlicht. Ich habe die gerade zitierte Stelle also mindestens zwei Jahre vor dem Liedtext geschrieben. Einfälle haben oft etwas Mirakulöses!

Im Mangelland DDR, das dennoch zu den führenden Industriestaaten gezählt wird, mangelte es auch an Arbeitskräften, sodass Kubaner, Mosambikaner, Slowaken, Tschechen, Polen, Ungarn, Vietnamesen und mitunter auch Soldaten der in der DDR stationierten sowjetischen Streitkräfte kurz- oder längerfristig zum Einsatz kommen. Letztere vor allem dann, wenn die Planerfüllung für den Export in die UdSSR in Gefahr ist. Das Wort»Gastarbeiter«gehört nicht zum Sprachgebrauch in der DDR und offiziell bezeichnet niemand die ausländischen Arbeitskräfte so, vielmehr war von Vertragsarbeitern die Rede.

Ob im Roman»Scheidungsprozeß«, ob in»Über sieben Brücken musst du gehn«, ob in der Reportage»Schnee auf dem Schornstein« – der Handlungsrahmen ist sich jeweils ziemlich ähnlich. Meist agieren die Protagonisten auf Baustellen. Im Fernsehfilm»Über sieben Brücken musst du gehn«nimmt Richter ganz selbstverständlich Bezug zur Arbeitswelt und den Umgang der dort Beschäftigten miteinander. Es ist die Personage, die der Autor kennt und deren Hierarchie er ins Spiel bringt. Und wieder wachsen Kühltürme in den Himmel. Doch diesmal überschatten sie die Liebesbeziehung zweier junger Menschen.

Interessant und aufschlussreich für die Bedeutung des Themas, ist – ausgehend vom Fernsehfilm – ein während der Drehtage verfasster Brief Helmut Richters an den Keyboarder Ulrich Swillms. Der Karat-Musiker ist vom Fernsehen der DDR für die Komposition und das Arrangement der Filmmusik verpflichtet worden und setzt den Auftrag Ende 1977 um. In Richters Begleitschreiben zum Liedtext vom 7. August 1977, das sich als Kopie in seinem Nachlass befindet, heißt es:

Lieber Uli [handschriftlich geändert in: Ed] Swillms,

hier also der Text. Die Hit-Zeile ist ja schon in meiner Erzählung vorhanden. Obwohl das Lied noch gar nicht existierte, ist von einem Lied die Rede. Der Heldin (Grit) [handschriftlich geändert in Gitta] geht diese Zeile jedenfalls unentwegt durch den Kopf. Möge das den künftigen Hörern auch so gehn ...

Übrigens sagte mir eine polnische Rezensentin des kleinen Erzählbandes »Der Schlüssel zur Welt«, in dem auch »Über sieben Brücken mußt du gehn« enthalten ist, daß es in Polen eine Legende gäbe, in der eine Mutter ihr krankes Kind über sieben gefährliche oder gefährdete Brücken trägt, um es wieder gesund zu kriegen.

Natürlich kannte ich die Legende nicht, aber ich bin ja in Nordmähren geboren, nahe der polnischen Grenze, und man weiß ja nie ganz genau, was für eigene und kollektive Erinnerungen einem durch Schreibarbeit ins Bewußtsein gehoben werden.

Vielleicht ist Dir der Refrain auf den ersten Blick ein bißchen zu verallgemeinernd: Ägyptisch-griechische Mythologie (Vogel Phönix) zu einer fast ganz alltäglichen deutsch-polnischen Liebesgeschichte! Aber ich habe meinen Fernstudenten am Institut oft genug erklärt, daß zwischen Strophe und Refrain ein möglichst großer Kontrast sein sollte; rhythmisch und stilistisch. Und Du wirst mich hoffentlich nicht Lügen strafen!

Außerdem geht es ja wirklich nicht nur um eine ganz private Geschichte. Die erste Fassung habe ich übrigens für das DFF [Deutscher Fernsehfunk – nach 1968 Fernsehen der DDR] Lesestudio geschrieben. Sie hieß damals »Brücke zwischen zwei fernen Ufern«, was sicher kein guter Titel war, aber das wurde nicht beklagt. Beklagt wurden die »fernen Ufer«. Wir

Ulrich Swillms und Helmut Richter

wären mit der deutsch-polnischen Freundschaft doch schon viel weiter. Na ja … Aber es wird hoffentlich auch ausreichend Exemplarisches, Existenzielles und Archetypisches mit angesprochen.

Ich hoffe jedenfalls, es fällt Dir etwas dazu ein. Der Drehstab wird wahrscheinlich während der Messezeit im Interhotel Gera Quartier nehmen. Wenn Du bis dahin ein Demoband haben solltest, schick es dorthin.

Da ich von Einfällen redete: Auf der Baustelle Thierbach, wo mir die Ur-Grit und der Ur-Jerzy begegnet sind, erklärte mir ein Bauarbeiter den Unterschied zwischen Arbeitern und Künstlern. Wenn Euch etwas einfällt, sagte er, kommt der Nationalpreis (Haha!), und wenn uns etwas einfällt, dann kommt der Staatsanwalt.

Ahoi!
Dein Helmut

Aus dem Liedtext spricht die Verinnerlichung des Verlustes des Geburtsortes. Ein Verlust, den sowohl der Leadsänger Herbert Dreilich als auch Peter Maffay mit dem als Elfjährigen vertriebenen Helmut Richter teilen. Der Rock-Sänger Maffay ist mit 14 Jahren mit seinen Eltern als Peter Alexander Makkay aus dem deutschstämmigen Kronstadt (Braşov) in die Bundesrepublik Deutschland gekommen. Und Herbert Dreilich, den sein Geburtsort Mauterndorf im österreichischen Bundesland Salzburg als »Sohn der Gemeinde« ehrt, kam nach Jugendjahren in Großbritannien mit seiner Familie als 16-Jähriger in die DDR. Alle drei haben sie ihr »Schaukelpferd« zurücklassen müssen.

Vor annähernd 50 Jahren und ursprünglich auch als Duett geschrieben, ist und bleibt (aller Wahrscheinlichkeit nach) der Liedtext von »Über sieben Brücken musst du gehn« Helmut Richters bekanntestes Werk. Gekonnt arbeitet der Autor mit der eingängigen Wiederholung und mit einer simplen Metaphorik. Schlicht in Sprache, Strophenaufbau und Refrain. Einfach und wiedererkennbar in der singbaren Melodie. Das Lied vermittelt ein Lebensgefühl und keine Ideologie und trägt so die Voraussetzung für ein Volkslied in sich.

Ein Irrtum ist es jedoch zu glauben, Textdichter würden gefeiert bzw. beachtet wie Schlager- oder Rockstars. Im Allgemeinen kennt man die Band, den Sänger, vielleicht noch den Komponisten, aber Textdichter erhalten selten die ihnen gebührende Anerkennung. Diese wird allenfalls Singer-Songwriters zugestanden. Im Songolymp ist zu denken an Bob Dylans »Blowin' In The Wind« oder an Joan Baez' »We Shall Overcome«. Doch wer wüsste (ohne Google) den Komponisten und erst recht den Textdichter des etwa 100 Jahre alten Volksliedes »Hoch auf dem gelben Wagen« zu nennen? Überdies ein Lied, das ein Beispiel dafür ist, dass Text und Melodie das Potenzial haben müssen, die Hörer zum Mitsingen anzuregen. Rudolf Baumbachs 1870 entstandenes vierstrophiges Gedicht, mit der jeweiligen Schluss-

sibenmal wirst du der Verlierer sein
Aber einmal auch der Sieger sein ← (geht nicht)
(Das ist auch alles zu direkt, keine Verall-
gemeinerung, kein Hintergrund)
unter-

sibenmal wirst du die Asche sein,   / / /
Aber einmal auch der helle Schein.   . . .
            (für Licht)

(Im Grunde ist das d. Phönix – Mythos!
Wie zu hart? Aber Asche + Schein ist ein
Grundwort... Zusammenhangs – Widerspiel
und aus sich selbst verständlich. Das hätte
auch die Höhe, die ein Refrain eigentlich
haben muß!)

Also:
über siben Brücken mußt du gehn,
siben dunkle Jahre überstehn,
siebenmal wirst du die Asche sein,
Aber einmal auch der helle Schein.
                                        —ø

Handschriftliche Urfassung von »Über sieben Brücken musst du gehn«

zeile »Aber der Wagen, der rollt«, inspiriert 1922 den musisch-gebildeten Apotheker Heinz Höhne, den Text zu vertonen.

Helmut Richter ist einige Male gefordert, sein Copyright zu verteidigen. Erst ein Jahr nach dessen Uraufführung erfährt er von einem Musical, das die Kernzeile seines Hits trägt und am 13. September 2009 in Tangermünde auf dem Pfarrhof St. Stephan seine Uraufführung erlebte. Das Ticketportal *reservix* bewirbt das Musical ÜBER SIEBEN BRÜCKEN so:

Grandiose Songs, heiße Sonne, Schmetterlinge im Bauch und jede Menge Erinnerungen mischen sich hier zu einem Cocktail der Rhythmen und Gefühle, der den Zuschauer wie ein warmer Sommerwind verführt und statt eines Katers nur die reine Lebensfreude entfacht.

In welcher Stimmung Sie auch immer das Musical ÜBER SIEBEN BRÜCKEN erleben – Sie verlassen es garantiert in bester Laune und einem Rhythmus im Blut, den Sie so schnell nicht wieder loswerden.

Auch Persiflagen muss er über sich ergehen lassen. So wirbt zum Beispiel ein Teppichhändler mit »Über sieben Brücken musst du gehn«. Ärgerlich ist es, wenn das (vor allem im Osten Deutschlands) vielgelesene Boulevardblatt »SuperIllu« in seiner Ausgabe vom 14. März 2009 ein von Hannes Hofmann mit Peter Maffay geführtes Interview veröffentlicht, in welchem die Urheberschaft des Liedtextes Helmut Richter gar nicht zugeschrieben wird. An anderer Stelle wird in einer Hitliste der Lyriker Heinz Kahlau als Textdichter dieses Titels genannt. All das ist geeignet, den tatsächlichen Autor zu irritieren.

Jedoch muss, wer den Text für ein solches, wohl zeitloses Lied schreibt, damit rechnen, dass dieses Platz greift und anderes verdrängt. Vor allem dann, wenn das literarische Werk – gemessen an den Buchrücken im Regal – überschaubar bleibt. Der Bezug zu einer polnischen Legende hat Helmut Richter im Übrigen noch viele Jahre beschäftigt. Fast 30 Jahre später, im Jahr 2006, schreibt er einer Mitarbeiterin des Polnischen Instituts in Leipzig eine E-Mail und bezieht sich auf die im Brief an Ulrich »Ed« Swillms 1977 zitierte Rezensentin, die meinte,

daß es in Polen eine Legende gäbe, derzufolge eine Mutter ihr unheilbar krankes Kind über sieben gefährliche Brücken getragen hat, um es am Leben zu erhalten. Ich nahm den Hinweis ohne großes Erstaunen hin es war mir allenfalls die Bestätigung dafür, dass Polen und Deutsche eben Mitteleuropäer sind. Aber nun möchte ich es doch noch ein wenig genauer wissen: Könnten Sie mir helfen, herauszufinden, ob es eine solche Legende wirklich gibt, und ob sie womöglich gar gedruckt vorliegt?

Wenige Tage später trifft aus dem Polnischen Institut per Fax die Antwort ein:

Einer der urslawischen Bräuche, sich von bösem Zauber oder Krankheiten zu befreien, ist das Überschreiten von Flüssen. Die Mutter, die ihr krankes Kind nicht selbst heilen kann, muss mit diesem sieben Brücken überqueren und darf nur über Umwege nach Hause zurückkehren. Auf jeder Brücke muss sie ein Stück Lappen, mit dem sie die Stirn des fiebrigen Kindes abgewischt hat, in den Fluss werfen. Dabei muss sie jeweils den Spruch sagen: »Wir ertränken die Krankheiten, den Zauber, den Fluch. Sie sollen ins Wasser fallen und auf den Grund versinken.«
Immer zwischen zwei Brücken muss die Mutter beten und Engel oder den Heiligen Geist anrufen und um die Befreiung von all dem Bösen bitten.

Die Aufmerksamkeit, die der Song »Über sieben Brücken musst du gehn« seit der Ausstrahlung des Fernsehfilms im April 1978 erlangt, ist bis heute ungebrochen. Die Schallplatten und CDs verkaufen sich millionenfach und der Song ist bei allen Karat- und Maffay-Konzerten zu hören. Auch der Fernsehfilm erlebt weitere Ausstrahlungen; die bisher jüngste vom Mitteldeutschen Rundfunk am 3. Oktober 2024, dem Tag der deutschen Einheit. Außerdem wird der Film in der Reihe »DDR-TV-Archiv« als DVD im ARD-Videoshop vertrieben.

Von jüngerem Datum ist auch diese Wertschätzung: In seinem Format »Sing meinen Song – Das Tauschkonzert« unterhält sich der Gastgeber und Sänger Johannes Oerding mit seinem »Special Guest« Peter Maffay über dessen Karriere und beginnt am 30. April 2024 die Sendung bei VOX mit seiner Version eben dieses Songs. Und einige Wochen später ist es der Rocksänger Maffay selbst, der bei seiner 2024er Abschieds-Tour (von den großen Bühnen) mit seinem Arrangement von »Über sieben Brücken musst du gehn« sein begeistertes Publikum zum Mitsingen animiert. Es sind 38.000, die am 20. Juli 2024 die ausverkaufte Leipziger Red Bull Arena füllen. Eben an diesem Ort ist es die gesamte Familie Richter, die am 11. Juni 1990, als er noch Zentralstadion heißt, den Sänger Maffay bei dessen erstem Leipzig-Auftritt erlebt hat. Und Leipzig ist es auch, wo Peter Maffay mit seiner Band im Kino Cinestar am 10. Oktober 2024 den Mitschnitt des Leipziger Finales seiner Tour präsentiert. Am 8. November 2024, dem Vorabend des Gedenkens an den Fall der Mauer vor 35 Jahren, ist Peter Maffay Gast der MDR-Talkshow »Riverboat«; und auch hier dreht sich das Gespräch um eben dieses Lied.

Eine Lesereise aus seinem Roman »Scheidungsprozess« hat es Helmut Richter bereits einige Jahre vor der Maueröffnung ermöglicht, ein Konzert von Karat im Westen zu besuchen. So steht er 1979 in der Essener Grugahalle und ist von der Situation überwältigt:

Über sieben Brücken musst du gehn

Manchmal geh ich meine Straße ohne Blick,
Manchmal wünsch ich mir mein Schaukelpferd zurück.
Manchmal bin ich ohne Rast und Ruh,
Manchmal schließ ich alle Türen nach mir zu.
Manchmal ist mir kalt und manchmal heiß,
Manchmal weiß ich nicht mehr was ich weiß,
Manchmal bin ich schon am Morgen müd,
Und dann such ich Trost in einem Lied.

Manchmal scheint die Uhr des Lebens stillzustehn,
Manchmal scheint man immer nur im Kreis zu gehn.
Manchmal ist man wie von Fernweh krank,
Manchmal sitzt man still auf einer Bank.
Manchmal greift man nach der ganzen Welt,
Manchmal meint man, dass der Glücksstern fällt,
Manchmal nimmt man, wo man lieber gibt,
Manchmal hasst man das, was man doch liebt.

Über sieben Brücken musst du gehn,
Sieben dunkle Jahre überstehn,
Siebenmal wirst du die Asche sein,
Aber einmal auch der helle Schein.

*Dieses Lied kennt weder
Ossis noch Wessis!*

Herzlichst
Helmut Richter
November 2077

Das Titel-Lied des Fernseh-Films nach meiner gleichnamigen
Erzählung. Ursendung 1978.

(Ed Swillens, Karl)

»Dieses Lied kennt weder Ossis noch Wessis!«, handschriftliche
Widmung von Helmut Richter

[…] dann kamen die ersten Akkorde, und schon leuchteten die Wunderkerzen und Feuerzeuge auf (was für mich damals ganz neu war), und der Massenchor sang den Text mit. Es war, ich gebe das auch heute noch gerne zu, eine Art Kommunion für mich, eine Belehrung in Sachen deutsch-deutscher Befindlichkeit. Und es war mir erst danach ganz plausibel, dass das Lied eine Zeit lang vielen als heimliche Hymne der DDR galt und dass es dann zur Wendezeit, als Herbert Dreilich und Peter Maffay es gemeinsam sangen, zum Song der Einheit wurde […].

Der diplomierte Gesellschaftswissenschaftler Werner Fritz Winkler erzählt die Entwicklung dieses Songs bei Vorträgen immer wieder nach. Auf der Webseite zum Tagebau Espenhain, die von Thomas Schmidt gepflegt wird, findet sich ein umfassender Beitrag von ihm, in dem er den Hintergrund dieses Songs und seine Entstehungsgeschichte erhellt. Auch zu Beginn des Jahres 2024 veröffentlicht Werner Fritz Winkler in der Berliner Zeitung vom 19. Januar in deren Rubrik »Open Source« einen umfassenden, ganzseitigen Beitrag unter dem Titel »Gitta, Jerzy und ihre deutsch-polnische Liebesgeschichte«, in welchem Winkler vieles über den »größte[n] DDR-Hit und die Hintergründe seiner Entstehung« zusammenträgt.

In seinem Feature »Ein DDR-Hit geht um die Welt« aus dem Jahr 2014 beschreibt der Leipziger Autor Gerhard Pötzsch für den Mitteldeutschen Rundfunk (MDR) die Geschichte des in mehr als 30 Sprachen übersetzten Welthits. Ihm folgt sechs Jahre später Jana von Rautenberg für den Sender Rundfunk Berlin-Brandenburg (RBB) mit einer Fernseh-Dokumentation »über die Entstehungsgeschichte der erfolgreichsten Deutsch-Deutschen Rockballade«.

Im Gespräch, das der Feature-Autor Pötzsch 2014 mit Peter Maffay führt und das als Transkript im Nachlass Helmut Richters verwahrt ist, äußert sich der Musiker zu seinem Favoriten »Über sieben Brücken musst du gehn« und vor allem auch darüber, dass der Song

1. 12. 13

Lieber Herr Richter,

über einen Freund habe ich von Ihrem
Geburtstag erfahren und nehme ihn
zum Anlaß in diesen Zeilen. Wir alle
verdanken Ihnen einen der schönsten
Songs der letzten Jahre. Für uns ist es ein
musikalischer Meilenstein! Auch deshalb
ein herzliches Dankeschön, verbunden mit
den allerbesten Wünschen zu Ihrem Eh-
rentag. Von uns allen!

Ihr

[Unterschrift]

Tabaluga Enterprises GmbH / Klenzestr. 1 / 82327 Tutzing / Fon +49 (0) 8158-93 05 0 / Fax +49 (0) 8158-93 05 45
Geschäftsführer: Peter Maffay / HRB 87882 Amtsgericht München / St.-Nr.: 117/140/00529 Finanzamt Fürstenfeldbruck / USt.-IdNr.: DE 128239672
Münchner Bank eG München via DZ Bank / BIC GENODEF1M01 / IBAN DE08 7019 0000 0007 6598 06
info@tabaluga-enterprises.de / www.tabaluga-enterprises.de

Brief von Peter Maffay an Helmut Richter, 1. Dezember 2013

anfänglich einige Widersacher auf den Plan rief, nachdem er auf der LP »Revanche« zu hören ist:

Es gab tatsächlich ein paar Schmalspurtypen, ich sage das jetzt ganz bewusst so, die dann geschrieben haben: Was ist denn das für ein Unfug? Was ist denn das für ein dummes Gleichnis? Wie kann man solche Texte singen? [...] Diese Leute hatten es einfach nicht drauf, zu erkennen, welche Absicht hinter diesem Song steht und wie man ihn, aus der Sicht derer, die ihn geschrieben haben, interpretieren kann. [...] Die hatten [eher] angelesene, gelernte Herzensbildung. Die waren nicht mit den Verhältnissen vertraut. Die gehörten auch nicht zu den Leuten, die schwach waren und Hilfe brauchten – die Hoffnung brauchten. Denn dieses Lied ist ja ein Lied, das Hoffnung macht! [...] Aber nachdem wir dann anfingen, das [Lied bei unseren Auftritten] zu spielen, änderte sich diese Position erheblich und zwar durch das Publikum! Das Publikum und eigentlich nur das ist wichtig – oder viel wichtiger. Es hat aus diesem Lied das gemacht, was das ist. Nämlich eine Hymne. Nicht wir, die Urheber im Grunde genommen, sondern das Publikum. Dieses Publikum hat diesen Inhalt verarbeitet und ihm dieses Gewicht verliehen. Und in dem Augenblick, in dem wir das Lied auch in der Stilistik, die wir drauf haben, gespielt haben, wurde es [...] zu einer wichtigen – wenn nicht gar wichtigsten Rock-Ballade. Und es ist noch heute so. [...] da hat jemand etwas erzeugt, Herr Richter, was einfach gültig ist. Es gibt solche Songs. Etliche. [Doch] es gibt nur ganz wenige mit dieser Konsistenz.

Im Interview kommt Gerhard Pötzsch auch auf Peter Maffays Auftritt beim Sommerfest 2010 des Bundespräsidenten Christian Wulff zu sprechen, als Joachim Gauck, der Wulff später in dem hohen Amt folgen sollte, spontan auf die Bühne springt und den Refrain mitsingt:

Das erlebt man in der Politik nicht so oft. Und es hat auch alle Leute begeistert. Also die fanden es sehr menschlich. Und auch daran erkennt man die Kraft dieses Liedes. Wenn jemand einfach aufsteht, in diesem Fall Herr Gauck, wenn das Publikum sich von den Sitzen erhebt, wenn ohne Aufforderung etwas passiert, dann liegt diesem Augenblick […] eine gewisse Kraft zugrunde. Die muss einen antreiben, sonst [erhebt] man [sich] ja nicht aus dem Sitz. Und dieser Song hat das aber!

Der Feature-Autor Pötzsch fragt nach: Das Lied hat das Zeug, ein Volkslied zu sein? Und Maffay erwidert:

Das ist schon eins! Man kann schöne Lieder schreiben. Ein gutes Lied ist weniger Ergebnis einer handwerklich guten Arbeit, [sondern] Ergebnis einer Haltung. Aber wenn zu der richtigen Haltung Handwerk dazukommt, dann ist es eine gute Ergänzung. Nur dann ist es – und das ist eine ganze Menge – ein gutes Lied. Aber »Sieben Brücken« ist nicht ein gutes Lied, »Sieben Brücken« ist einige Sechser im Lotto!

Überdies, diese Ergänzung bietet sich an, etwa anderthalb Jahre nach dem genannten Sommerfest wird der gebürtige Rostocker Joachim Gauck von der 14. Bundesversammlung mit absoluter Mehrheit zum Bundespräsidenten der Bundesrepublik Deutschland gewählt. Fünf Jahre später, zum Ende seiner Amtszeit im März 2017, wünscht er sich beim Großen Zapfenstreich im Park des Schlosses Bellevue »Über sieben Brücken musst du gehn« in der Instrumentalfassung des Stabsmusikkorps der Bundeswehr und schließt den Kreis.

WELCH BÖSE LUST
DIE ANDERN ÜBERKAM

Mit ihm befreundete Kollegen, wie Adel Karasholi oder Peter Gosse, betonen stets, dass man in der Wahrnehmung von Helmut Richters literarischem Schaffen dieses nicht auf den eingängigen »Brücken«-Refrain und die zwei achtzeiligen Strophen reduzieren möge. Ist doch Helmut Richters literarisches Werk vielfältig. Zu seinem Œuvre gehören Essays, Publizistik, Bühnenstücke, Filmszenarien, Feature, Reportagen und vor allem Hörspiele.

Denn neben seinen (durch Ausdauer erbrachten) Erfolgen als Szenarist für das Fernsehen macht sich der Lyriker, Publizist und Erzähler bereits ab Mitte der 1970er-Jahre als Hörspielautor einen Namen. 1976 erhält er für sein Hörspiel »Alfons Köhler« den Hörspielpreis des Staatlichen Komitees für Rundfunk beim Ministerrat der DDR. Im selben Jahr veröffentlicht der Berliner Henschelverlag in der beliebten Reihe »dialog« eine Sammlung von sieben neueren Hörspielen unter dem Titel »Die merkwürdige Verwandlung der Jenny K.«, für deren Herausgabe der Leiter der Hörspielabteilung Dr. Peter Gugisch und die Lektorin Lilli Kaufmann zeichnen. Zu den Beispielen gegenwärtiger Funkdramatik gehört auch Richters Hörspiel »Schornsteinbauer«, dessen Erstsendung am 13. Februar 1974 ist und dem mehrere Sendetermine folgen. Regie führt Walter Niklaus, den Hans Bröse spricht der Schauspieler Fred Delmare, mit dem Helmut Richter eine langjährige Freundschaft verbindet.

Die Hörspiele »Alfons Köhler« und »Schornsteinbauer« erzielen auch internationale Beachtung und erhalten in der Tschechoslowakei und in der UdSSR Sendeplätze. Erfolgreich sind auch die Fernsehfilme.

Die Verfilmung von »Alfons Köhler« wird 1984 im Fernsehen der Bundesrepublik Deutschland gesendet. 1984 zeigt das vietnamesische und koreanische Fernsehen den Film »Der Mann und sein Name«, 1985 folgt das ungarische Fernsehen.

Bei genauerer Betrachtung von Helmut Richters Prosa und Dramatik wird deutlich, dass sein Schreiben überwiegend vom Dialog geprägt ist. Und mehrheitlich, was sich als ein lohnenswertes Unterfangen für Germanisten anbietet, ist bei diesem Autor eine Art Muster zu erkennen. Zuerst entsteht eine Erzählung oder Kurzgeschichte, dann folgt daraus ein Exposé für ein Hörspiel, diesem dann der szenisch gebaute Hörspieltext, der – und das nicht nur einmal – im Filmszenarium von der originären Tonsprache zur sichtbaren Handlung übergeht.

1983 sendet das Fernsehen der DDR den Film »Der Mann und sein Name«, der auf der gleichnamigen Erzählung von Anna Seghers aus dem Jahr 1952 basiert. Das Szenarium schreibt Helmut Richter. Es ist ein Auftragswerk des Fernsehfunks. Und dieses hat zwei Hintergründe. Zum einen sollte bereits zu Anna Seghers 80. Geburtstag eine Würdigung ihres Schaffens in Form einer Verfilmung einer ihrer Prosaarbeiten erfolgen. Zum anderen reicht man dem Szenaristen Helmut Richter mit diesem Auftragswerk ein Zuckerbrot, nachdem er eine quälende, sich über drei Jahre streckende Hinhaltetaktik bei der dramaturgischen und filmischen Umsetzung seines »Alfred Köhler«-Stoffes auf sich nehmen muss. Der geplante Zweiteiler wird zum Einteiler zusammengestrichen. Allerdings mit einer Länge von anderthalb Stunden und der erneuten Möglichkeit für den Szenaristen, einen Songtext einzubringen. Die Jazz-Interpretin Uschi Brüning singt Helmut Richters Verse auf die Melodie von »Ach Elslein, liebes Elslein«. Und unbeirrt geht es dem Autor Richter wieder ums Träumen:

Wohin sind all meine Träume,
Wohin ist mein großer Traum?
Ich sinne und sitze und säume
Und fühle mein Leben kaum.

Diese Zeilen bleiben ohne große Resonanz. Und doch hat der Film keinen bequemen Plot: Der Autor fragt nach der Moral und dem Gewissen des Einzelnen und danach, ob sich diese dem Parteiauftrag unterzuordnen haben.

Auch der etwa zur selben Zeit gedrehte Film »Der Mann und sein Name«, der in die Zeit nach dem Zweiten Weltkrieg zurückführt, ist sehenswert und findet ebenso internationalen Zuspruch. Aufgenommen ins Deutsche Rundfunkarchiv (DRA) bleibt er verfügbar und bietet auch 40 Jahre später Anlass, ins aktuelle Fernsehprogramm aufgenommen zu werden. Bilder der kriegerischen Zerstörung, wie sie heute täglich die Nachrichten bestimmen, geben dem Film sein Entree: Ein junger Mann, durch den Krieg gealtert, sucht sein Zuhause und findet weder die Straße noch das Haus wieder. Sein Handeln bestimmt der Vorsatz zu überleben. So wie er das Sein wechselt, wechselt er seinen Namen. Zunächst ohne Vorsatz. Schnell gewinnt er Vertrauen und wird, ob seines handwerklichen Geschicks und seiner praktischen Veranlagung, zu einem Hoffnungsträger des Aufbaus. Doch die Wirklichkeit lässt sich auf Dauer nicht verleugnen.

Anlässlich des Kollegiums zu Anna Seghers 100. Geburtstag, das die Rosa-Luxemburg-Stiftung im November 2000 veranstaltet, ist Helmut Richter gefragt, sich zum Handwerklichen seines Szenariums zu äußern:

Natürlich mußte das Drehbuch dann auf viele der oft sehr gußeisernen Dialoge der Erzählung verzichten, und natürlich war durchweg nach szenischen Lösungen zu suchen, um allzu Didaktisches übertragbar zu machen. Aber zu erhalten waren möglichst viele der beschreibenden Passagen, die auch in dieser Erzählung in diesem betörenden Novellenton daherkommen. Ich führte dazu eigens einen Sprecher ein, der dann mit dem trefflichen Kurt Böwe fabelhaft besetzt worden ist. Solche Kostbarkeiten an Lakonie also wie die folgende, die dem Film (im Unterschied zum Buch) als Exposition diente: »Der Krieg war niedergebrannt. Er rauchte noch und veraschte noch auf dem halben Erdteil. Und tausend Städte lagen in Trümmern. Die Erde war klatschnaß von Blut. Erschöpfte Armeen zogen über sie hin, Banden und Flüchtlingshorden. Aus zerbrochenen Zuchthäusern und Konzentrationslagern zogen Gefangene heimwärts in ihre zwanzig, dreißig Nationen [...]«.

Bekanntlich ist das Drehbuch von Vera Loebner in Szene gesetzt worden. [...] Für die Hauptrolle hat [sie] den damals nur Insidern bekannten Ulrich Mühe von Karl-Marx-Stadt nach Berlin gezogen, und er war eine ideale Wahl. Noch wichtiger war es freilich, den richtigen Mann für die Rolle des Lohmer zu finden. Da mußte ein Schauspieler her, der das besagte *Parteigewissen* authentisch, das heißt, als glaubhafte Haltung eines Menschen aus Fleisch und Blut herüberbringen konnte. Rolf Ludwig übernahm diese Aufgabe schließlich, und dieser wunderbare Komödiant hat die wirklich schon sehr diffizile Rolle intelligent mit einem Ernst gespielt, der meinem Gefühl nach unabweislich war.

In »Fragebogen: Zensur. Zur Literatur vor und nach dem Ende der DDR«, 1995 im Reclam-Verlag Leipzig von dem US-amerikanischen Germanisten Richard Zipser herausgegeben, äußert sich mit Gabriele Herzog eine Kollegin, die die Situation rückwirkend rabiat einschätzt:

[...] im DDR-Fernsehen (für das ich aber aus diesen Gründen kaum gearbeitet habe) ging gar nichts, bei der DEFA (der einzigen

Filmfirma) etwas mehr, im Rundfunk noch ein bißchen mehr – je nach der zu erwartenden Zuschauer- bzw. Zuhörerzahl.

Die Wirklichkeit hat es von jeher schwer im Medium Fernsehen. Diese Erfahrung durchzieht Helmut Richters Werk seit dem »Schnee auf dem Schornstein« im Jahr 1969 mindestens bis ins Jahr 1998. Mitte der 1990er-Jahre schreibt Helmut Richter das Drehbuch für den Tatort »Tödlicher Galopp«, der mit den Ermittlern Ehrlicher und Kain, gespielt von Peter Sodann und Peter Michael Lade, im Sommer 1997 in der ARD nach Dresden und Leipzig führt. Der beliebte Schauspieler Sodann gehört im Übrigen zu den 1961 inhaftierten Mitgliedern des Kabaretts »Rat der Spötter«. 1990 beginnt er damit, in seinem genossenschaftlichen Antiquariat Bücher, »die auf und unter dem Ladentisch in der DDR erschienen sind«, zu sammeln, zu bewahren und zu handeln. Darunter befinden sich auch verschiedene Ausgaben von Helmut Richters »Scheidungsprozeß« aus dem Mitteldeutschen Verlag.

Bestärkt durch die gelungene Zusammenarbeit mit dem Tatort-Regisseur Wolfgang Panzer und dem Mitteldeutschen Rundfunk (MDR) legt Helmut Richter viel Hoffnung in das Entstehen einer Familienserie, die er im sächsischen Erzgebirge an der Grenze zu Böhmen ansiedelt. Unter dem Arbeitstitel »Zollamt Bärenburg« entwickelt er 1997/98 gemeinsam mit der Polyphon Film- und Fernsehgesellschaft mbH eine Konzeption und bereitet inhaltlich die ersten zwölf Folgen vor. Um das Augenmerk auf die Problematik in dieser Grenzregion zu lenken, geht die Planung von einer deutsch-tschechischen Co-Produktion aus. Doch die ARD-Serienkommission durchkreuzt das Vorhaben. Probleme, wie sie sich später für die Menschen im Erzgebirge verfestigen werden, wollen die Verantwortlichen des öffentlich-rechtlichen Rundfunks nicht sehen und schon gar nicht zeigen.

Die Frage nach der Moral und der eigenen Courage ist auch der Kern des Sonetts »Antigone anno jetzt«, das Helmut Richter im Um-

Saarländischer
RUNDFUNK
Anstalt des Öffentlichen Rechts

Funkhaus Halberg
66100 Saarbrücken

ARD-Gemeinschaftsredaktion
Serien im Hauptabendprogramm

19. August 1998

POLYPHON Leipzig
Herrn
Alfried Nehring
Deutscher Platz 4

04103 Leipzig

Betrifft: „Zollamt Bärenberg"

Sehr geehrter Herr Nehring,

die Gemeinschaftsredaktion hat auf ihrer gestrigen Sitzung in Potsdam das o.g. Angebot intensiv diskutiert.

Dabei wurde der von Ihnen postulierte Anspruch, eine „unterhaltsame Familienserie" zu drehen, „deren Hauptfiguren Berufe in einem jeweils attraktiven Milieu haben" einer kritischen Überprüfung unterzogen. Es wurde vor allem bemängelt, daß die Figuren übermäßig problembeladen dargestellt sind und ihre jeweiligen Schicksale wenig zur Identifikation durch den Zuschauer einladen. —

Überaus kritisch sehen wir auch übereinstimmend die geschilderte Situation an der deutsch-tschechischen Grenze. Die angedachten Fälle für die einzelnen Episoden vermitteln eine überwiegend düstere, von Problemen und Depressionen gezeichnete Atmosphäre. Dies zusammen gibt dem Projekt wenig positive Perspektiven und verleiht der Serie eine dunkle Anmutung, die unserem Primetime-Sendeplatz mit seinem Unterhaltungsanspruch nach unserer einmütigen Auffassung nicht gerecht wird.

Die Gemeinschaftsredaktion hat aus diesen Gründen Ihrem Vorschlag nicht zugestimmt. Beigefügt erhalten Sie Ihre Unterlagen wieder zurück.

Mit freundlichen Grüßen

Dr. Michael Beckert

Nachrichtlich:
Frau Wintgen (ORB)

Telefon (0681) 602 .... Fax (0681) 602

Ablehnungsschreiben der Saarländischen Rundfunks für die geplante Serie
»Zollamt Bärenberg«, 19. August 1998

feld des 11. Plenums des Zentralkomitees der SED schreibt und das zu seinem genannten Debütband »Land fährt vorbei« gehört. Jenes Plenum führt ab 1965 für die Literatur, die Theaterbühnen und vor allem für die Spielfilm-Produktionen der DDR zu erheblichen Einschränkungen und Verboten.

Die Inoffiziellen Mitarbeiter, die den Alltag des Absolventen des Literaturinstituts begleiten, stellen ihn selbstverständlich auch für seine Haltung zum 11. Plenum eine Bewertung aus (BStU 000182):

Einer anderen inoffiziellen Quelle gegenüber brachte er zum Ausdruck, daß er der These Stefan Heyms vom Führungsanspruch der Schriftsteller und Wissenschaftler völlig zustimmt. Seiner Meinung nach stecken die Schriftsteller und Wissenschaftler die geistigen und estethischen [sic!] Grenzen ab. Sie führen täglich den Akt der Menschenschöpfung auf's Neue durch, indem sie neue Gestalten in ihren Werken schaffen, entsprechend ihrem Ermessen und nach ihren Maßstäben. Sobald sie das nicht mehr dürfen, was ihre Berufung ist – sind sie überhaupt nicht mehr fähig, etwas Allgemeingültiges in der Kunst zu schaffen.

»Antigone anno jetzt« zählt zu Helmut Richters besten Gedichten und erlebt 2004 prominente Nachbarschaft mit der Aufnahme in die Anthologie »Mythos Antigone – Texte von Sophokles bis Hochhuth«, die als Herausgeber Lutz Walther und Martina Hayo für den Reclam Verlag Leipzig zusammenstellen.

Die Zusammenstellung aus Prosa und Lyrik »Wiedersehn nach Jahr und Tag«, die zu Richters 65. Geburtstag 1998 im Leipziger Verlag Faber & Faber erscheint, eröffnet der Geehrte bewusst mit dem Antigone-Gedicht. Und auch zehn Jahre später steht es in der lyrischen Bilanz »Was soll nur werden, wenn ich nicht mehr bin? Hundert Gedichte«, die – wiederum zu einem Jubiläum – gleichfalls bei Faber & Faber erscheint, an vorderer Stelle:

Antigone anno jetzt

Als sie aufgestanden war, stand sie allein.
Ringsum Menschen, die sie lange kannten,
Aber nun die Blicke auf sie wandten,
So, als würde sie hier eine Fremde sein.

Und sie sah an mancherlei Gebärden,
Welch böse Lust die andern überkam:
Wenn sie jetzt Partei für ihren Bruder nahm,
Würde sie in tiefes Schweigen eingemauert werden.

Da verließ Antigone der Mut,
Denn ihr selbst schien jetzt, es sei nicht gut,
Ganz alleine aufzustehn.

Also setzte sie sich wieder.
Und nun schlugen alle ihre Augen nieder,
Als sei etwas Schreckliches geschehn.

Selbst geschwächt und auf den Rollator angewiesen, gibt Helmut
Richter 2017 seinem Freund und Verleger Elmar Faber in Dankbarkeit
das letzte Geleit. Faber sen., Jahrgang 1934, dessen Verlag, ob seines
Programms und seiner Buchgestaltung, in der Branche ein hohes Re-
nommee besitzt, stirbt zwei Jahre vor seinem Autor Helmut Richter.

SICH KÜMMERN UM
DAS BLEIBENDE

Ebenso, wie Helmut Richter vorsorglich die Grabstelle für zwei Erd-
bestattungen und eine Urne kauft, gibt er zu Lebzeiten selbst das Fa-
milien-Grabmal in Auftrag und wählt Darstellung und Form aus. Im
Einklang mit Frau und Tochter entscheidet er sich für den Roten Por-
phyr aus der Region. Die Wahl trifft er gewiss nicht von ungefähr, hat
doch der seinerzeit in Kanada lebende Bildhauer (und Kurt-Schwit-
ters-Kenner) Friedhelm Lach während seiner Aufenthalte in der
Denkmalschmiede Höfgen zu Beginn des neuen Jahrtausends eine
Reihe an Skulpturen aus eben diesem Rochlitzer Porphyrtuff geschaffen, die seither die Wanderwege rings um Grimma säumen. Wege
im Muldental, die auch Richters als Familie bei ihren Wanderungen
wählen.

Die Grabstätte Helmut Richters auf dem Friedhof Leipzig-Gohlis

Angesichts der Vorbereitung auf den Tod verwundert es nicht, dass Helmut Richter, in aller Umsicht, auch für die Grabrede die eigenen Worte findet.

Im selbst verfassten Nachruf, den der Verleger Michael Faber der Trauergemeinde in der Gohliser Versöhnungskirche vorträgt, kommt Helmut Richter auf die Zahl sieben zu sprechen: Sieben Jahre leitet er die Redaktion der »Leipziger Blätter«, sieben Jahre hat er den Vorsitz des Schriftverstellerverbandes im Bezirk Leipzig inne und sich in dieser Funktion immer wieder für seine Kolleginnen und Kollegen eingesetzt. Im Vordergrund steht deren soziale Absicherung durch Werkverträge mit Volkseigenen Betrieben oder der Kommune. Ebenso gilt es Reisemöglichkeiten für Recherchen zu schaffen. Auch sorgt er sich um finanzielle Unterstützung bedürftiger Kolleginnen und Kollegen sowie um die Zuweisung von Wohnraum, Telefonanschlüssen, Kuren, Urlaubsplätzen.

Schwerpunkt für den Vorsitzenden Helmut Richter sind die zweimonatlichen Verbandstreffen, die nicht selten mit einem Gastvortrag eingeleitet werden.

Als er für eine der Zusammenkünfte einen evangelischen Pfarrer einlädt, über die vor allem von Jugendlichen getragene Friedensbewegung zu referieren, wird er nach Berlin zitiert und der 1. Sekretär des Schriftstellerverbandes Gerhard Henniger fordert ihn auf, den Pfarrer auszuladen. Gerhard Henniger fertigt über das Gespräch vom 15. Februar 1984 eine Notiz an, diese wird Helmut Richter erst nach Einsicht in die ihn betreffenden Unterlagen der Staatssicherheit bekannt:

1. Durch eine solche Veranstaltung könnte ein Präzedenzfall geschaffen werden, daß Kräfte in der Kirche, die mit der Friedenspolitik unseres Staates nicht übereinstimmen, ähnliche und weitergehende Vorschläge unterbreiten, um sich Möglichkeiten für Auftritte außerhalb der Kirche in gesellschaftlichen Organisationen zu schaffen.

2. Eine Einladung an einen Pfarrer durch eine gesellschaftliche Organisation, über Fragen der Jugendentwicklung zu sprechen, könnte als eine Bestätigung einer Mit-Kompetenz der Kirche in der Jugendpolitik ausgelegt werden, die sie aufgrund der klaren Trennung zwischen Staat und Kirche in unserer Republik nicht hat.

3. Wenn wir uns im Schriftstellerverband mit Fragen der Jugend beschäftigen, so ist unser Partner die FDJ, die einheitliche Jugendorganisation in unserem Staat.

[…] Auf meinen Einwurf, daß man die ganze Veranstaltung aus technischen Gründen ausfallen lassen könne, antwortete er, dann würde er sein Gesicht verlieren. Wenn er die von mir genannten politischen Argumente nicht anerkannt habe, so könne man doch nur die Schlußfolgerung ziehen, daß er für die Funktion des Bezirksvorsitzenden nicht mehr geeignet sei. Er müsse sich deshalb allen Ernstes überlegen, ob er diese Funktion niederlege.

[…] Ich verwies darauf, daß ich in der Frage auch die zuständigen Abteilungen des ZK konsultiert habe, die gleicher Meinung wie ich waren. Auch dieser Hinweis ließ bei Genossen Richter keine Änderung der Grundhaltung erkennen. Man müsse, so meinte er, die Möglichkeit haben, offene Fragen kontrovers diskutieren zu können im Verband.

Zur Wahrheit gehört, dass die Veranstaltung mit dem Pfarrer Wolfgang Gröger nicht stattfand. Rückblickend beschreibt Helmut Richter in einer undatierten Notiz die Umstände, die ihn schließlich doch zur Absage veranlassten:

Es war so, daß Dietmar Keller nicht nur in Leipzig als sogenannter Hoffnungsträger galt. Nun sollte er nach Berlin gehen und es hieß, er solle die unsägliche Ursula Rackwitz ablösen, die die Abt. Kultur beim ZK der SED leitete. Nun kam man und sagte mir, durch diese Veranstaltung mit Gröger könnte der Wechsel gefährdet sein. Also entschloß ich mich schweren Herzens, mich vor den Verband zu stellen und abzusagen (mit Gröger habe ich bis heute Kontakt). Leider wurde Dietmar Keller dann nur Stellv. Kulturminister, ein Abstellgleis, und dafür hatte sich die Absage nicht gelohnt.

Noch vor Ende seiner Amtszeit kümmert sich Helmut Richter um das Bleibende. So geht auf seine Initiative die Einrichtung eines Literaturarchivs in der Leipziger Stadtbibliothek zurück. Den Sammlungsschwerpunkt bilden dabei die Werke und literarischen wie auch persönlichen Hinterlassenschaften hiesiger Autorinnen und Autoren. Im Literaturarchiv sind neben den Vorlässen von Peter Gosse, Adel Karasholi, Gunter Preuß und Andreas Reimann überwiegend Nachlässe vorhanden, vielfach bestehend aus Konvoluten und Dauerleihgaben. Gegenwärtig ist ein Großteil des Bestandes ausgelagert, um nach dem Umbau gemeinsam mit den Sondersammlungen der Leipziger Städtischen Bibliotheken unter besseren räumlichen und klimatischen Bedingungen Platz zu finden. Ein Großteil des eigenen Nachlasses Helmut Richters dokumentiert dessen Zeit am Institut für Literatur »Johannes R. Becher«.

Der Februar des Jahres 1990 folgt auf den Herbst 89. Der SED-Staat befindet sich in Auflösung. Der einst gemaßregelte Student, der sich wegen seines Gedichts »Vom Träumen« in der sozialistischen Produktion zu bewähren hat, und *dennoch* wenige Jahre nach seinem Diplom am Literaturinstitut zunächst als Lehrkraft und schließlich als Dozent tätig wird, erreicht die nächste Stufe seiner Karriere. Er erhält eine Professur für Prosa und wird im Frühjahr 1990 vom Kulturministerium der DDR zum Direktor des Instituts berufen. Im Gohliser Schlösschen, vis-à-vis dem Wohnhaus seines unvergessenen

den 21.1.99

Lieber Helmut Richter!

Mit Deinem Buch, für das ich Dir danke,
hast Du mir eine große Freude bereitet.
Dazu einige Zeilen, wenn ich's genauer
durchforstet habe. –

Einen anderen, bestimmt unerwarteten,
auf jeden Fall verspäteten Dank muß
ich Dir unbedingt heute, nachdem ich
soeben meine Akte über das Jahr 1973
gelesen habe, abstatten. Mit Bewunderung
und Freude las ich in den IM-Berichten,
wie Du Dich damals z. B. in dem etwas
hysterischen Rummel um meine Lesung
in der Akademie gegen ideologisch ver-
brämtes Weidkammer-Geblöke gestellt
hast und die zwielichtigen „Informati-
onen" über meinen irdischen Wandel
nicht als Argument gegen meine
Arbeiten gelten ließest. Ich bin glücklich
darüber, daß ich nun endlich weiß,
wem ich es verdanke, das ich ab 73
in der DDR meine Vorstellung vom
Beruf des Schriftstellers verwirklichen
konnte, und mir eine in Erwägung ge-
zogene erneute Unterbringung in einer
Verwahranstalt für Schwerst-Erziehbare
letztlich doch erspart blieb. Verzeih
mir, daß ich – bedingt durch mein
ausgeprägtes Des-Interesse an dem
Konvolut der Spanner, die sich wesentlich mehr für Beischlafsgeräusche als
Gedichte interessierten – erst jetzt
einige (wenige) Kostbarkeiten im
Dreck aufgestöbert habe... Und nun
wollte ich Dir eben nur schnell mit-
teilen, das ... und ... NA, Du weißt
schon !: Es tut gut, in einem voraus-
geahnt trostlosen Gesellschaftszu-
stand eine Nachricht von Solidarität
zu erhalten. Und daß die Post ein
Vierteljahrhundert unterwegs war,
wäre nur tragisch, wenn den Adres-
saten bloß noch der Brief, nicht aber
die Nachricht erreichte ...

Herzlichst
Andreas Reimann

Andreas Reimann sitzt im Café Maitre.

Brief von Andreas Reimann an Helmut Richter,
21. Januar 1999

Begründung des Vorschlags, Genossen Helmut Richter ab 01.03.1990
zum Direktor des Instituts für Literatur zu berufen

Helmut Richter ist ein vielseitiger Schriftsteller, der sich
literarisch als Lyriker, Prosaist, Funk- und Fernsehdramatiker,
aber auch publizistisch, u. a. als Chefredakteur einer Zeitschrift, ausgewiesen hat. Helmut Richter gilt als ein umfassend
gebildeter und kulturpolitisch wie in der Leitungstätigkeit
erfahrener Schriftsteller, der in all seiner Tätigkeit theore-
tische und praktische künstlerische Fähigkeit mit kulturpoli-
tischer Aktivität und pädagogischer Wirksamkeit verbindet.

Seiner ausgewiesenen schriftstellerischen Leistungen wegen ist
Gen. Richter, der seit 1969 am Literaturinstitut tätig ist, ein
anerkannter Leiter schöpferischer Seminare, in denen junge Talente das Handwerk des Schreibens erlernen.

Seine langjährigen kulturpolitischen Erfahrungen, seine kommunal-
politische Tätigkeit und seine erfolgreiche Arbeit in verschiedenen Gremien des Schriftstellerverbandes haben ihn zu einem
prinzipienfesten und sensiblen Leiter geformt.

Ich bin sicher, daß Gen. Helmut Richter in dieser ideologie-
intensiven Ausbildungsstätte seine Erfahrungen und Fähigkeiten
auch als Leiter des Instituts engagiert für den Schriftsteller-
nachwuchs einbringen wird. Er wird im Ausbildungs- und Erziehungs-
prozeß Bewährtes fortführen und neuen Ideen ein aufgeschlossener
und konstruktiver Partner sein.

Dr. Hartmut König
Stellvertreter des
Ministers für Kultur

Berlin, den 19.10.1989

Ab März 1990 war Helmut Richter Leiter des Instituts für Literatur in Leipzig,
Schreiben des stellv. Kulturministers Dr. Hartmut König, 19. Oktober 1989

Das Gohliser Schlösschen

Studienprogramm des IfL 1990

Lehrers Georg Maurer, findet die Investitur statt, die Einführung in das neue Amt. Ein Amt, das ihn nach 1990 Mitglied im Kuratorium Haus des Buches und der Kulturstiftung Leipzig werden lässt.

Doch der neue Direktor wird zum Abwicklungsdirektor. Mit Beschluss der Sächsischen Staatsregierung wird das Institut zum Januar 1991 geschlossen. Die immatrikulierten Studentinnen und Studenten erhalten die Möglichkeit, ihr Studium abzuschließen. Heute ist die abgewickelte »kleinste Hochschule der Welt«, wie sie Helmut Richter gern nannte, nur noch als Korpus vorhanden. Saniert und längst in andere Eigentumsverhältnisse überführt, geht von diesem Ort in der Tauchnitzstraße Nr. 8 zwischen 1955 und 1993 neue deutsche Literatur aus. Etwa 950 Direkt- und Fernstudenten wie auch Teilnehmer der Sonderkurse absolvieren die Kunsthochschule. Zu ihnen zählen, um stellvertretend drei zu nennen, die Dichterinnen Sarah Kirsch und Angela Krauß und der Schriftsteller und Leipziger Ehrenbürger Erich Loest. Für die meinungsführende Zeitung aus Leipzigs Partnerstadt Frankfurt am Main ist das Literaturinstitut

Helmut Richter mit Studenten des Instituts für Literatur im Seminar

eines, »an dem die SED einstmals ihre Barden schulen ließ« (FAZ vom 30.1.1992).

Noch immer ist es umstritten und das gilt nunmehr auch für den Nachfolger, das Deutsche Literaturinstitut Leipzig, ob das Schreiben von Literatur lehrbar ist. Eine typisch deutsche Diskussion, während überall auf der Welt Universitäten Seminare für Creative Writing an-

Adel Karasholi   Peter Gosse

bieten. Als Mitglied der vom Freistaat Sachsen eingesetzten Gründungskommission drängt Helmut Richter auf die zeitnahe Eröffnung einer Nachfolgeeinrichtung, welche die Autorenausbildung fortsetzt.

Unter seiner Leitung wird ein umfassendes Dossier entwickelt, das die Zukunftsfähigkeit dieser Bildungsstätte beschreibt. Viele namhafte Autorinnen und Autoren aus Ost und West, mit denen Helmut Richter in Kontakt steht, sprechen sich für den Erhalt der »Dichterschule« aus. In ausgewiesener Kollegialität und persönlicher Wertschätzung bietet Helmut Richter dem designierten Gründungsdirektor des Deutschen Literaturinstituts Leipzig (DLL), dem Lyriker und Herausgeber Bernd Jentzsch, jedwede Unterstützung an. Selbst leidet er stark unter der Aufgabe, die Abwicklung des Becher-Instituts voranzubringen und dafür Kolleginnen und Kollegen in die Arbeitslosigkeit verabschieden zu müssen. Zum Jahreswechsel 1991/92 erklärt er seinen vorzeitigen Rücktritt – und setzt damit ein Zeichen. Peter Gosse, als sein Stellvertreter, übernimmt das Schiff ohne Kurs und hält es über Wasser.

1995 beginnt das Deutsche Literaturinstitut Leipzig (DLL) den Studienbetrieb. Wenn auch nicht als eigenständige Kunsthochschule, so ist sie doch eine relativ selbstständige Bildungsstätte der Universität Leipzig.

Ein aktuelles Beispiel: Der Börsenverein des deutschen Buchhandels nominiert für die »Longlist« seines Deutschen Buchpreises 2024 vier Absolventen des Deutschen Literaturinstituts. Ein Beleg dafür von vielen, dass sich das DLL längst profiliert hat, neue deutsche Literatur hervorzubringen.

Es ist ein kalter Tag, der 11. Dezember 2019, an dem Helmut Richter im Anschluss an die Trauerfeier in der Versöhnungskirche auf dem Gohliser Friedhof beigesetzt wird. Es sind mehr als 200, die Abschied nehmen von einem Menschen, dem ein erfülltes Leben vergönnt war. Obgleich sich das Trauma der Vertreibung nie aus der Seele vertreiben ließ.

Im Interview für das Filmporträt Helmut Richters, spricht Adel Karasholi über seinen Kommilitonen und Freund:

> Er hat eine Eigenschaft, die mich eigentlich immer fasziniert und berührt. Er ist nicht sentimental, aber sehr empfindlich, und er kann sich in andere einfühlen. Ja, ich vermisse ihn sehr, er konnte mich sehr oft aufrichten, wenn ich ganz down war. Er hat eine humanistische Art, und er glaubte, genau wie ich, an Weltfrieden und an den Kampf für den Weltfrieden und für die Freundschaft zwischen den Völkern. Das war eine Utopie, aber ich glaube, er und auch ich haben uns zu dieser Utopie trotzdem hingezogen gefühlt. Er gehört zu den Menschen dieser Stadt, die mir diese Stadt zu einem Daheim gemacht haben.

Der langjährige Freund und Kollege Peter Gosse findet im Interview 2023 für Helmut Richter diese Worte:

Die Gruppe Karat und Helmut Richter bei der Preisverleihung in Gotha, 2016

Ja, wer ist dieser Richter? Ein sanguinischer Kosmopolit, finde ich, ein Mensch, der zwar das Deutschland und seine Heimat sehr mochte, aber insgesamt ein den ganzen Erdball meinendes Vorgehen als wohltuend und sinnvoll empfand. Und daraus resultiert auch, dass er ein Altruist war, dass er auch die Werke anderer, der Kolleginnen und Kollegen, als atemberaubend empfinden konnte, ohne jeden Neid. Er verglich Werke immer mit dem Wort von Babel, den er sehr schätzte, den Odesitten, welcher gesagt hatte, ein Kunstwerk habe so genau zu sein wie ein Rechenschieber und so duftend wie Dill. Dill, jenes zartgliedrige, ziselierte, wunderbare Gewächs. […] Das Schicksal, indem es ihn uns an die Seite gestellt hat, hat es mit uns gut gemeint. Ich entsinne mich eines seiner Texte, in dem er sagte, »die Wolken wandeln sich und leuchten auf, bevor sie zerfließen«. So war es bei ihm. Eine leuchtende Wolke, unser lieber Helmut.

Die KULTURSTIFTUNG GOTHA ehrt besondere und herausragende Verdienste um die Erhaltung des Weltfriedens und den friedlichen Ausgleich sowie die Verständigung unter den Völkern mit dem internationalen Preis

„DER FRIEDENSTEIN".

In Würdigung seiner Leistung als Schöpfer für die Friedensbotschaft

„Über sieben Brücken mußt du gehn"

ehren wir Professor Helmut Richter. Er hat bewundernswert die Ereignisse des 20. Jahrhunderts reflektiert. Ausgehend vom Miteinander zwischen Polen und Deutschen verband das Lied die Menschen in den Jahren der deutschen Teilung und beschrieb den Weg zur Einheit der Deutschen. Im 21. Jahrhundert ist der Text die Weichenstellung für die Völker Europas und macht den Kontinent zur Brücke des Friedens.

Residenzstadt Gotha, Juni 2016
im Namen des Vorstandes der Kulturstiftung Gotha

Knut Kreuch
Vorstandvorsitzender und
Oberbürgermeister der Stadt Gotha

Urkunde zum Preis »Der Friedenstein« für Helmut Richter

Der Friedensteinpreis, den Helmut Richter als Textdichter gemeinsam mit dem Musiker und Komponisten Ulrich »Ed« Swillms und der Gruppe Karat im Sommer 2016 in Gotha überreicht bekommt, würdigt am Lebensausgang seine Art. Er, ein Botschafter der Kultur, ein Mensch des Ausgleichs, der Versöhnung und des gütigen Miteinanders, kurz: ein Mensch der Friedfertigkeit.

Seinen Weggefährten hinterlässt Helmut Richter diese Zeilen:

Wie schade, dass wir jetzt schon gehen müssen,
Wir suchten Antwort auf die großen Fragen.
Wir schöpften Hoffnung aus verfaulten Flüssen
Und Zuversicht aus Krieg und Plagen.

DAS BUCH FOLGT DEM FILM
EIN NACHWORT

1

Es war Helmut Richter als Vorsitzender des Leipziger Bezirksverbandes der Schriftsteller der DDR, der mich 1986 davon zu unterrichten hatte, dass meine Aufnahme in den Schriftstellerverband zunächst einmal bis auf Weiteres ausgesetzt werden müsse. Meine Verfehlung war, dass ich ein nicht eben positives Bild Markranstädts gezeichnet hatte; jener Kleinstadt vor den Toren Leipzigs, in der ich mit Frau und Kind lebte, da für mich Leipziger in Leipzig keine Wohnung zu haben war. Vorgesehen war mein Text für die Wochenendbeilage der Leipziger Volkszeitung, dem Bezirksorgan der Sozialistischen Einheitspartei Deutschlands. Mein Beitrag sollte, wenn ich es richtig erinnere, im Zusammenhang mit der Volkskammerwahl im Juni 1986 erscheinen. Und natürlich bestand die Erwartungshaltung, dass mein Stadtporträt von den Erfolgen der sozial-politischen Maßnahmen der SED künden würde. Von Seiten der Redaktion erfuhr ich im Übrigen keinerlei Reaktion auf meine Arbeit, die immerhin eine ganze Zeitungsseite füllen sollte. Das wurde unter den Genossen sozusagen intern geregelt.

Im Jahr darauf, im Sommer 1987, gehörte ich dem Schriftstellerverband schließlich an und las anlässlich eines Verbandstreffens in Zwickau aus meinem im Mitteldeutschen Verlag erschienenen Debütband »Frühstück im Stehen« an der dortigen Pädagogischen Hochschule. Der Prorektor – sekundiert von zwei Hochschullehrern, an die ich keinerlei Erinnerung mehr habe – bezeichnete meine Ge-

Ralph Grüneberger und Helmut Richter in der Universität Leipzig, 2010

dichte als pessimistisch und schädlich für den Aufbau des Sozialismus. Bei der Veranstaltung ging es heiß her. Ähnliches sollte ich Wochen später in Dortmund erfahren, als mich ausgewiesene Mitglieder der Deutschen Kommunistischen Partei als Nestbeschmutzer bezeichneten. Sie, die die DDR aus der DKP-Zeitung »Unsere Zeit« und durch geführte Besuchsreisen kannten. Völlig unvorbereitet erfuhr ich bei dieser Lesung eine ganz andere Bewertung als die des Deutschlandfunks, wo der Lyrikkenner Alexander von Bormann meinen Gedichtband in lobenden Worten vorgestellt hatte. Die Diskussion in Zwickau wurde vom Sender Stimme der DDR (vor 1971 Deutschlandsender) aufgezeichnet. Lesung und Diskussion sollten einen Monat später in der Essay-Reihe, die jeweils mittwochs um 22 Uhr im Programm stand, ausgestrahlt werden. Dazu wurden Kabel gezogen, Tontechniker waren zugange und ein Funkwagen stand vor der Tür. Ich frage mich bis heute, ob es den Mitschnitt noch gibt. Denn die angekündigte Sendung wurde nie ausgestrahlt. Angeblich hat es bei der Aufnahme Tonstörungen gegeben. Ich kann also nur noch ganz allgemein sagen, dass es sowohl Helmut Richter als auch mein Verbands-Bürge Prof. Dr. Walfried Hartinger waren, die mir in Zwickau beigesprungen sind, um meine Lyrik vehement zu verteidigen. Schade, dass die Sendung nicht zustande kam. Das immerhin hatte der Prorektor erreicht, als er bei geöffneten Fenstern meine Lesung lautstark von der Ausbildung künftiger Diplom-Sportlehrer »untermalen« ließ. Ich höre die Rufe und Kommandos heute noch. In meinem 2022 im Gmeiner Verlag erschienenen Roman »Lisa, siebzehn, alleinerzogen« lasse ich eine Absolventin eben dieser Pädagogischen Hochschule über den Coup des Prorektors sprechen.

2008, also gut zwei Jahrzehnte später, war es Helmut Richter, der in der Leipziger Stadtbibliothek mit seiner Laudatio meine Monografie »Heinz Müller. Immer wieder neu sehen« begrüßte. Er besaß die unter Schriftstellerkollegen seltene Gabe, sich am Werk eines anderen erfreuen zu können. Vergleichbar vielleicht mit einem Feuer, an dem man sich wärmt und für das ein anderer das Holz geschlagen hat. Eine Eigenschaft, die übrigens meinen zweiten Verbands-Bürgen Peter Gosse gleichfalls auszeichnet. Vielleicht gehörte ein solches Verhalten zu den Tugenden von jenen Dozenten des Literaturinstituts »Johannes R. Becher«, die sich gegenüber dem literarischen Nachwuchs stets offen zeigten.

2

Dass ich im Auftrag von Brigitte und Tina Richter 2023 mit Monteverdi Medien, dem Foto- und Filmunternehmen meines Sohnes Bert, ein filmisches Porträt über Helmut Richter realisiert habe, wurde im Wesentlichen von einem Impuls bestimmt, der auf das Jahr 2012 zurückgeht. Zu der Zeit hatte ich die Idee, einen Dokumentarfilm über die Lyrikszene in Leipzig zu drehen. Fünf Jahre zurück lag mein Film-Erstling »In jenem beharrlichen Sommer ...«,

Die Band geht 2025 auf Jubiläumstour »50 Jahre Karat« –
mit dabei auch ihr Song »Über sieben Brücken ...«

den ich 2007 gemeinsam mit meinem Jugendfreund, dem Hörspiel-
und Romanautor Gerhard Pötzsch, entwickelt und verwirklicht
habe. Unser Thema war die nicht genehmigte Lyriklesung auf dem
Elsterstausee im Jahr 1968. Leider erfuhr weder das Filmvorhaben
über die Leipziger Lyrikszene noch die Entwicklung des Drehbuchs
für den Dokumentarfilm über Helmut Richter eine Förderung der
Kulturstiftung des Freistaates Sachsen. Dabei gab es schon das 2012
aufgezeichnete Interview mit Helmut Richter, das natürlich »eine si-
chere Bank« für ein Filmporträt war. Jedoch gab es Unterstützer wie
die Kulturstiftung Leipzig, den Heimatkreis Freudenthal im Stadt-

museum Memmingen, die Stadtbibliothek Leipzig und den Leipziger Passage Verlag, die Musiker Ulrich Swillms und Peter Maffay sowie eine erfreulich große Zahl privater Förderer des Filmprojekts, denen mein Dank gehört. Desgleichen hat Karat einen erheblichen Anteil an der emotionalen Wirkung des Films, für den die Band eigens mehrere Instrumentalstücke produzierte. 2025 jährt sich die Gründung der Rockband zum 50. Mal und ihr übervoller Terminkalender spricht für die ungebrochene Popularität ihrer Musik.

Am Ende hatten wir wenig Zeit und ein Budget, das in etwa ein Zehntel dessen betrug, was Filmproduktionsfirmen veranschlagen. Das hat der Umsetzung natürlich Grenzen gesetzt. Mein Sohn, als Partner, der mehr das bewegliche Bild als das geschriebene bzw. gesprochene Wort favorisiert, hätte gern nachgespielte Szenen oder Animationen im Film gesehen. Doch dafür fehlten sowohl Zeit als auch finanzielle Mittel. Seit der Premiere am 30. November 2023 gab es mehrere Aufführungen, und die bisherige Zustimmung, die der Film »Helmut Richter. Über sieben Brücken. Ein Filmporträt« ohne Einschränkung vom Publikum erhielt, hat die Arbeit belohnt.

3

Als ich im April 2024 damit begonnen habe, den Filmstoff zu »verschriftlichen« und Gelegenheit bekam, mich noch weiter in den umfänglichen Nachlass Helmut Richters zu vertiefen, bat mich Tina Richter, ich solle ihren Vater bitte nicht zu einem Widerstandskämpfer stilisieren. Das war er nicht, beharrte sie. Und das ist richtig, auch wenn er mit den Verantwortlichen beim Fernsehen der DDR stets um die Realisierung seiner Vorhaben ringen musste, was im sozialistischen Kulturbetrieb allerdings eine Normalität war.

Richtig ist auch: Helmut Richter war kein Montagsdemonstrant und gehörte damit der Mehrheit in der DDR an. Doch spätestens zu Beginn des Jahres 1990, als sich seine Partei in Auflösung befand und eine Erneuerung versuchte, hat er sich in die beginnende Transformation einbringen müssen. Nicht parteipolitisch, das war für ihn passé, aber in seiner neuen Rolle als »Arbeitgeber« am Literaturinstitut, das er nach dem 3. Oktober auf Geheiß von Sachsens Landesregierung ins Aus steuern sollte. Dem war er mental nicht gewachsen, auch wenn er vieles tat, um die Autorenausbildung für Leipzig zu retten. Er war kein Ellenbogenmensch und hat darunter gelitten, ab 1990 Anfeindungen von Kollegen zu erleben, die in ihm lediglich eine politische Altlast sahen. Vergessen hatten sie, dass ihm als Vorsitzenden die Belange der Mitglieder und Kandidaten des Bezirksverbandes stets nahe waren. Vergessen war sein Wirken, ihnen noch wenige Jahre zuvor behilflich gewesen zu sein, zu Lesungen und Recherchen in den Westen reisen zu dürfen, oder dass sie dank der von ihm akquirierten Werkverträge finanziell über die Runden kamen. Vergessen war auch, dass er es war, der bei den Verbandstreffen für ein Klima der freien Meinungsäußerung sorgte.

Dass er als Literaturstudent wegen eines Gedichtes in die »Schusslinie« einer Parteioberen aus der Karl-Marx-Universität geraten war, habe ich erst anhand seines Nachlasses erfahren. Desgleichen wusste ich bis 2023 nichts vom Verbot seiner Thierbach-Reportage. Beides weisen die mir bekannten Verzeichnisse der Biografien und Bibliografien der Kandidaten und Mitglieder des Schriftstellerverbandes der DDR, Bezirk Leipzig, aus den Jahren 1982 und 1987 nicht aus. Ebenso wenig kannte ich die von ihm verfassten Texte »Festspruch«, »Gelöbnis«, »Verpflichtung« und »Fahnenspruch« für die Teilnehmerinnen und Teilnehmer des V. Deutschen Turn- und Sportfestes in Leipzig im Juni 1969. Ein Stück sozialistischer Realismus, das heute schwer auszuhalten ist. Vorgetragen ebendort, wo 21 Jahre später Peter Maffay seine Fans zum Mitsingen von »Über sieben Brücken musst du gehn« auffordern wird. Noch aber ist daran nicht zu denken:

GELÖBNIS

Die Sieger sind gekürt.
Das Fest klingt aus:
Die Fahnen sinken.
Noch einmal Fremden wie Bekannten winken;
noch einmal in dem rauschenden Applaus
den Ansporn fühlen, der zu Siegen führt.

WIR SCHWÖREN,
DIESEN GEIST HINAUSZUTRAGEN
IN STADT UND DORF, IN SCHULE UND FABRIK.

WIR SCHWÖREN,
KÜNFTIG JEDEN KAMPF ZU WAGEN
ZUM RUHM DES SPORTS UND UNSRER REPUBLIK.

(gekürzt)

Passend dazu das Entree des Dokumentarfilms über die Propagandaveranstaltung der SED, wie es der Drehbuchautor und Regisseur Siegfried Kaletka für seinen Film notiert hat:

Einmarsch der Sportler im Zentralstadion von Leipzig (halbtotal). Sportler begrüßen die eintreffenden Politbüromitglieder Willi Stoph und Erich Honecker und überreichen Blumensträuße (halbtotal). Stoph, Honecker und weitere Mitglieder des Politbüros gehen mit ihren Blumen die Treppen zum Stadion hinunter (halbnah). Blick (von oben) auf das gefüllte Stadion im Scheinwerferlicht (halbtotal). Blick (von oben) auf die Lichtervorführung im Zentralstadion (halbtotal). Fahnen geschmückte Tribüne mit großen Tafeln »XX Jahre DDR« und »V. Deutsches Turn- und

Sportfest« (halbtotal). Redner eröffnet das Sportfest von der Ehrentribüne aus (halbtotal) (O-Ton). Sportler tragen die Veranstaltungsfahne zur Ehrentribüne und hissen sie (halbtotal) (O-Ton).
Schwenk vom Sportler auf die flatternde Turnfest-Fahne (halbtotal). Blick (von oben) auf den eintreffenden Fackelläufer Manfred
Matuschewski im Stadion (halbtotal). Blick auf den Präsidenten
des IOC Avery Brundage und weitere Ehrengäste (halbnah). Fakkelläufer Matuschewski eilt die Treppe hinauf und entzündet das
Turnfestfeuer […].

Doch, wie im Film und im Buch über Helmut Richter dargestellt,
blieb das Jahr 1969 für ihn kein heroisches. Die Reportage »Schnee
auf dem Schornstein« wurde unmittelbar nach dem Sportfestsommer
zurückgezogen und die Auflage eingestampft.

Im selben Jahr veröffentlichte im Übrigen der Vogtländer Reiner
Kunze, gleichfalls Autor des Mitteldeutschen Verlages, im Westen
seinen Lyrikband »Sensible Wege«. Diese Veröffentlichung im Jubiläumsjahr der DDR galt als Affront. Verse, die sich heute kaum aufrührerisch ausnehmen. Doch der Autor einer Fabel wie dieser wurde
für mehrere Jahre zur Unperson:

Das Ende der Kunst

Du darfst nicht, sagte die eule zum auerhahn,
du darfst nicht die sonne besingen
Die sonne ist nicht wichtig

Der auerhahn nahm
die sonne aus seinem gedicht

Du bist ein künstler,

sagte die eule zum auerhahn

Und es war schön finster

Sieben Jahre später, nachdem Kunzes Prosaband »Die wunderbaren Jahre« im Westen erschienen ist, stimmte die Mehrheit der Schriftsteller des Bezirksverbandes Erfurt/Gera für seinen Ausschluss aus dem Verband. Ein ungewollter Marketingschub, der Reiner Kunzes Buch im Jahr 1977 über mehrere Monate auf Platz 1 der Spiegel-Bestseller-Liste hob. Dieses fast private, schmale Buch wurde Schulstoff und ihm wurden zig Auflagen zuteil. Gleichfalls mehrere Auflagen waren dem genannten Gedichtband »Sensible Wege« vergönnt. Meine eigene, antiquarisch erworbene Taschenbuch-Ausgabe aus dem Jahr 1979 zählte bereits eine Auflagenhöhe von 25. Tausend. Großartig, wenn zeitgenössische Lyrik so viel Zuspruch findet. Obgleich zu der Zeit immer auch ein Politikum damit verbunden war. Mit Helmut Richter habe ich nur einmal über Zensur gesprochen. In dem genannten Video-Interview 2012, in welchem er Lyrik als das »wohl revolutionärste Genre« bezeichnete.

Oft wurde ich bei Lesungen auf die Zensur in der DDR angesprochen. Stets bemühte ich das Bild der auf dem Kopf stehenden Pyramide. Die Spitze bildete die Lyrik, und der Mitteldeutsche Verlag machte sich hier einen Namen. Gedichtbände hatten mit einigen Tausend in der DDR die geringste Auflagenhöhe (heute bleibt man im vereinten Deutschland eher dreistellig) und damit auch den größten Freiraum. Was nicht heißen soll, ihr Erscheinen wurde nicht erschwert (ich habe für meinen Debütband 1980 den Verlagsvertrag unterschrieben und 1986 kam er endlich raus). Leichter war der Umgang auch mit der Kurzprosa, auch für sie gab es weniger hohe Hürden. Romane hingegen erreichten dann schon eher Auflagen in fünfstelliger Zahl und meist auch Nachauflagen und wurden somit umfassender inspiziert. Im mittleren Bereich war das Hörspiel verortet mit Hörerzahlen von 20.000, darüber lag der Kinofilm. Hier gab es eine noch stärkere Kontrolle. Die breiteste Seite der Pyramide aber bildete der Fernsehfilm ab, Helmut Richters Metier. Seine Filme liegen vor und sollten gezeigt werden. Und sei es null Uhr und sei es in einem 3. Programm, wo jüngst am Tag der Wiedervereinigung sein »Sieben-Brücken«-Film zu sehen war. Spiegeln doch diese Filme um vieles authentischer die Wirklichkeit in der langen und für den Osten verlängerten Nachkriegszeit wider als das so manche »DDR-Versteher« in den abendlichen Talkshows vermögen.

Ralph Grüneberger
Leipzig, im November 2024

BIBLIOGRAFIE

Bücher, Beiträge in Anthologien (Auswahl)

1964: Erwartung – Eine Frau zum XXII. Parteitag der KPdSU, in: Mutterliebe – Mutter und Kind im Spiegel deutscher Dichtung aus acht Jahrhunderten, hg. von Barbara Neubauer, Verlag der Nation, Berlin

1967: Land fährt vorbei, Gedichte, Mitteldeutscher Verlag, Halle

1969: Bragullas Heimkehr, Erzählung, in: Manuskripte – Almanach mit neuer Prosa und Lyrik, Mitteldeutscher Verlag, Halle

Ballade von den Städtegründern, in: Spiegel unseres Werdens – Mensch und Arbeit in der deutschen Dichtung von Goethe bis Brecht, hg. von René Schwachhofer und Wilhelm Tkaczyk, Verlag der Nation, Berlin

Schnee auf dem Schornstein, literarische Reportagen, Mitteldeutscher Verlag, Halle

1971: Scheidungsprozess, Roman, Mitteldeutscher Verlag, Halle

1972: Der alte Zigeuner sowie Trompetensolo, in: Das Wort Mensch – Ein Bild vom Menschen in deutschsprachigen Gedichten aus drei Jahrhunderten, hg. von Bernd Jentzsch, Mitteldeutscher Verlag, Halle

1973: Die Frau aus dem anderen Haus, in: Der Weltkutscher, hg. von Fank Beer, Hinstorff Verlag, Rostock

1974: Leipziger Briefe in: Sachsen – Ein Reiseverführer, hg. von Klaus Walther, Greifenverlag, Rudolstadt

Zwischenruf, in: Welt im sozialistischen Gedicht – Poeten, Methoden, Aufbau-Verlag, Berlin

Über sieben Brücken mußt du gehn, Erzählung, in: Hier und Heute, Paul List Verlag, Leipzig

1975: Der Schlüssel zur Welt, Erzählungen, Mitteldeutscher Verlag, Halle

Chile – Gesang und Bericht, Anthologie, Mitherausgeber gemeinsam mit Thomas Billhardt, Mitteldeutscher Verlag, Halle

1976: Mein anderes Land: Zwei Reisen nach Vietnam, gemeinsam mit Rolf Floß, Mitteldeutscher Verlag, Halle

Schornsteinbauer, in: Die merkwürdige Verwandlung der Jenny K. – Hörspiele, hg. von Peter Gugisch, Henschelverlag, Berlin

1977: Zwischenlandung, in: Vor meinen Augen, hinter sieben Bergen – Gedichte vom Reisen, hg. von Ulrich Berkes und Wulf Kirsten, Edition Neue Texte, Aufbau-Verlag, Berlin und Weimar

1978: Zwischenlandung, in: Sieh, das ist unsere Zeit! – Lyrik für sozialistische Festtage und Feierstunden, hg. von Helmut Preißler, Verlag Tribüne, Berlin

1979: Kamenz – Die Lessing-Legende, mit Fotos von Renate und Roger Rössing, Brockhausminiaturen, Edition Leipzig, Leipzig

1983: Über sieben Brücken mußt du gehn, Literarische Landschaften, Anthologie, Mitteldeutscher Verlag, Halle/Leipzig

1986: Selbstermutigung, in: Selbstermutigung: Erwägungen ums Schreiben, hg. von Rudolf Gehrke und Lothar Zschuckel, Offizin Andersen Nexö, Leipzig
Schichtwechsel, in: Jetzt – 50 Geschichten vom Alltag, hg. von Gerhard Rothbauer, Reclam-Verlag, Leipzig

1988: Das Auge der Schlange: Unwirkliche Geschichten, hg. gemeinsam mit Lothar Zschuckel und Peter Gosse, Grafiken von Bernhard Heisig, Mitteldeutscher Verlag, Halle/Leipzig

1989: Banascheks Bilder, in: Mein Ort – Erinnerungen, Entdeckungen, Sehnsüchte, hg. von Walter Nowojski, Verlag Neues Leben, Berlin

1990: In memoriam Trude Richter, in: Trude Richter, Totgesagt – Erinnerungen, Mitteldeutscher Verlag, Halle/Leipzig

1993: Die kleinste Hochschule der Welt – Ein fiktiver Disput mit Friedrich Nietzsche, in: Über die Lehr- und Lernbarkeit von Literatur, hg. von Christian Ide Hintze und Dagmar Travner, Passagen Verlag, Wien

1998: Wiedersehn nach Jahr und Tag, Erzählungen und Gedichte; Rötelzeichnungen von Frank Ruddigkeit, Verlag Faber & Faber, Leipzig

2000: Nachgelassene Papiere, in: Was ist das Bleibende? – Zwanzig Einmischungen von Schriftstellern und Literaturwissenschaftlern, hg. von Peter Gosse, Roland Opitz und Klaus Werner, Edition Ost, Berlin

2001: Der Mann und sein Name – Von der Erzählung zum Film, in: Anna Seghers – Studien und Diskussionsbeiträge, Redaktion Alfred Klein, Horst Nalewski, Klaus Pezold, Rosa-Luxemburg-Stiftung Sachsen, Leipzig

2002: Wie die Blätter an den Baum kamen: Eine kleine Schöpfungsgeschichte, in: Leipziger Blätter Nr. 40, Passage Verlag, Leipzig

2004: Antigone anno jetzt, in: Mythos Antigone – Texte von Sophokles bis Hochhuth, hg. von Lutz Walther und Martina Hayo, Reclam-Verlag, Leipzig

2005: In der Deutschen Bücherei, in: Mit einem Reh kommt Ilka ins Merkur – Leipziger Gedichte, Hg. Frauke Hampel und Peter Hinke, Illustrationen Thomas M. Müller, Connewitzer Verlagsbuchhandlung. Leipzig

2006: Vorwort zu Gerhard Kurt Müller: Malerei, Skulpturen, Zeichnungen, Holzschnitte, Verlag Faber & Faber, Leipzig

2008: Was soll nur werden, wenn ich nicht mehr bin? Hundert Gedichte; Verlag Faber & Faber, Leipzig

2009: Ich-Gewinn, Welt-Gewinn, in: Nachdenken über Leipzig: Hundert Essays, hg. von Thomas Mayer, Leipzig Medien Service, Leipzig

2013: Wer die Fuge liebt, der beweibt sich, Hundert Limericks. Illustrationen von Egbert Herfurth, Verlag Faber & Faber, Leipzig

Fernsehfilme, Hörspiele, Bühnenstücke

1969: Thierbach bei Belowo, Feature; Regie Karl-Heinz Drechsel; Rundfunk der DDR

1971: Kleine Gärten – große Leute, Komödie, gemeinsam mit Peter Gosse, Christoph Hamm, Joachim Nowotny und Hans Pfeiffer

1973: Scheidungsprozess, Fernsehfilm; Regie Lothar Bellag, Fernsehen der DDR

Kommst du mit nach Madras, Komödie, Bühnenstück, Uraufführung: Städtische Bühnen Leipzig

1974: Schornsteinbauer, Hörspiel; Dramaturgie Christa Vetter, Regie Walter Niklaus; Rundfunk der DDR (Erstsendung 13.02.1974)

Sie hieß Tinh – Tinh heißt Liebe, Hörspiel; Komposition Reiner Bredemeyer, Dramaturgie Christa Vetter, Regie Wolfgang Schonendorf; Rundfunk der DDR (Erstsendung 03.02.1975)

1975: Mein lieber Emmes, Hörspiel; Dramaturgie Christa Vetter, Regie Joachim Staritz; Rundfunk der DDR (Erstsendung 02.05.1975)

1976: Alfons Köhler, Hörspiel; Dramaturgie Christa Vetter, Regie Walter Niklaus; Rundfunk der DDR (Erstsendung 02.03.1976)

1977: Das Herz der Dinge, Fernsehfilm; Regie Hans Werner; Fernsehen der DDR

1978: Über sieben Brücken mußt du gehn, Fernsehfilm; Regie Hans Werner; Fernsehen der DDR

1981: Wir stellen vor darin: Vergeblichkeit der Erinnerungen; Regie Norbert Büchner; Fernsehen der DDR

1983: Der Mann und sein Name, Spielfilm nach Anna Seghers; Regie Vera
Loebner; Fernsehen der DDR

Alfons Köhler, Spielfilm; Regie Peter Vogel; Fernsehen der DDR

1997: Tödlicher Galopp, Kriminalfilm der Reihe Tatort; Regie Wolfgang
Panzer; MDR

BILDNACHWEIS

Ahnenwerkstatt Daniela Seidel: S. 17 u.

Archiv Ralph Grüneberger: S. 23, 31 u., 41, 56, 125, 144 l.

Archiv Adel Karasholi: S. 57

Archiv Pavlína Konečná: S. 17 o.

Archiv Brigitte Richter/Tina Richter: S. 15, 16, 27, 31 o., 44, 45, 46, 50, 87, 119

Marcel Brell: S. 154

Lutz Ebhardt: S. 148

Ralph Grüneberger: S. 85 o. r., 167

Heimatkreis Freudenthal im Stadtmuseum Memmingen: S. 9, 21

Gerhard Hopf: S. 95 o.

Armin H. Kühne: S. 152

Literaturarchiv Leipziger Städtischen Bibliotheken: S. 65, 68, 77, 85 o. l., 85 u.,
111, 114, 121, 127, 135, 142, 143, 144 r., 145, 149

Monteverdi Medien: S. 82, 138, 146

Gerhard-Kurt-Müller-Stiftung: S. 102 o.

SLUB Dresden/Deutsche Fotothek/André Rous: S. 63

Grafiker Christian Schäfler: S. 22

Helfried Strauß: S. 95 u., 102 u.

Nicht alle Rechteinhaber der Abbildungen konnten ermittelt werden. Der
Verlag bittet darum, eventuelle Ansprüche bei ihm anzumelden.

QUELLEN UND COPYRIGHTS

Nachlass Helmut Richter im Literaturarchiv der Leipziger Städtischen Bibliotheken; Privatarchiv Familie Richter.

Leipzig brennt. Der Untergang des alten Leipzig am 4. Dezember 1943 in Fotografien und Berichten, hg. von Mark Lehmstedt, Lehmstedt Verlag, Leipzig 2003.

Deutschlandradio Kultur: Vor 50 Jahren.»Kommt uns nicht mit Fertigem. Ein Lyrikabend in der Ostberliner Akademie der Künste und seine Folgen«, von Johannes Kirsten.

ÜBER SIEBEN BRÜCKEN MUSST DU GEHN
Musik: Ulrich Swillms/Text: Helmut Richter/1980 by Harth Musik Verlag GmbH, mit freundlicher Genehmigung durch ROBA Music Verlag GmbH

Die Rechte an allen anderen integrierten Texten Helmut Richters liegen bei Prof. Dr. Brigitte Richter, Leipzig. Die Rechte an den Zitaten liegen bei den Zitierten bzw. deren Verlagen, siehe Quellenangaben im Text.

DER AUTOR

Ralph Grüneberger, geboren 1951 in Leipzig, lebt dort als Lyriker, Prosaautor, Herausgeber und Publizist. Absolvent des Literaturinstituts »Johannes R. Becher«. Er erhielt mehrere Auszeichnungen für sein Werk. 2022 erschien sein Kulturführer »Lieblingsplätze Sachsen«, 2023 gab er das Handbuch »Auf Buchfühlung. Die Schullesung: Ihre Bedeutung und Wirkung« heraus. Er ist Mitglied im PEN-Zentrum Deutschland. 2023 veröffentlichte er »Über sieben Brücken. Helmut Richter. Ein Filmporträt«, das die Grundlage für dieses Buch gab.

DANKSAGUNG

Ich bedanke mich bei der Sächsischen Staatskanzlei und der Jury der Ausschreibung »Sehnsucht nach Freiheit«, dass sie den Druck dieses Buches ermöglicht haben. Mein Dank gilt auch dem Zentrum für Kultur/Geschichte Niederjahna für die Begleitung des Projekts. Desgleichen danke ich Prof. Dr. Brigitte Richter und Tina Richter, meiner Frau Synke Vollring, meinem Sohn Bert Grüneberger, Daniela Seidel vom Heimatkreis Freudenthal/Altvatergebirge in Memmingen sowie den Teams des Leipziger Stadtarchivs und des Literaturarchivs der Leipziger Städtischen Bibliotheken für die vielfältige Unterstützung. Ebenso danke ich Erdmute Hufenreuter und Dr. Kurt Fricke vom Mitteldeutschen Verlag für Lektorat und die Buchbetreuung und Pavlína Konečná, Bruntál, für Auskünfte und Fotografien. Peter Maffay und Andreas Reimann danke ich für die Erlaubnis, ihre persönlichen Briefe an Helmut Richter aufnehmen zu dürfen. Des Weiteren danke ich Falk Elstermann, Manfred Klenk, Thomas Liebscher und Cornelia Zetzsche für die Veröffentlichung der Inserate.

„Verbunden werden auch die Schwachen mächtig."

Friedrich Schiller

DIE RÄUBER '77 –

Literarisches Zentrum Rhein-Neckar e.V.

Werden Sie Mitglied!

www.raeuber77.de

220. Todestag

Die **LEIPZIGER BLÄTTER** –
von Helmut Richter 1982
gegründet und bis heute
beliebt und begehrt –
Leipzigs einzigartige
Kulturchronik.

Herausgeber

**kultur
stiftung
leipzig**

www.passageverlag.de